Martina Schuster

Wissensmanagement in Bildungseinrichtungen

Wie der Wissenstransfer unter Einbeziehung von Anreizsystemen gelingen kann

Diplomica® Verlag GmbH

Schuster, Martina: Wissensmanagement in Bildungseinrichtungen: Wie der Wissenstransfer unter Einbeziehung von Anreizsystemen gelingen kann, Hamburg, Diplomica Verlag GmbH 2012

ISBN: 978-3-8428-9089-3
Druck: Diplomica® Verlag GmbH, Hamburg, 2012

Bibliografische Information der Deutschen Nationalbibliothek:
Die Deutsche Nationalbibliothek verzeichnet diese Publikation in der Deutschen Nationalbibliografie; detaillierte bibliografische Daten sind im Internet über http://dnb.d-nb.de abrufbar.

Die digitale Ausgabe (eBook-Ausgabe) dieses Titels trägt die ISBN 978-3-8428-4089-8 und kann über den Handel oder den Verlag bezogen werden.

Dieses Werk ist urheberrechtlich geschützt. Die dadurch begründeten Rechte, insbesondere die der Übersetzung, des Nachdrucks, des Vortrags, der Entnahme von Abbildungen und Tabellen, der Funksendung, der Mikroverfilmung oder der Vervielfältigung auf anderen Wegen und der Speicherung in Datenverarbeitungsanlagen, bleiben, auch bei nur auszugsweiser Verwertung, vorbehalten. Eine Vervielfältigung dieses Werkes oder von Teilen dieses Werkes ist auch im Einzelfall nur in den Grenzen der gesetzlichen Bestimmungen des Urheberrechtsgesetzes der Bundesrepublik Deutschland in der jeweils geltenden Fassung zulässig. Sie ist grundsätzlich vergütungspflichtig. Zuwiderhandlungen unterliegen den Strafbestimmungen des Urheberrechtes.

Die Wiedergabe von Gebrauchsnamen, Handelsnamen, Warenbezeichnungen usw. in diesem Werk berechtigt auch ohne besondere Kennzeichnung nicht zu der Annahme, dass solche Namen im Sinne der Warenzeichen- und Markenschutz-Gesetzgebung als frei zu betrachten wären und daher von jedermann benutzt werden dürften.

Die Informationen in diesem Werk wurden mit Sorgfalt erarbeitet. Dennoch können Fehler nicht vollständig ausgeschlossen werden, und der Diplomica Verlag, die Autoren oder Übersetzer übernehmen keine juristische Verantwortung oder irgendeine Haftung für evtl. verbliebene fehlerhafte Angaben und deren Folgen.

© Diplomica Verlag GmbH
http://www.diplomica-verlag.de, Hamburg 2012
Printed in Germany

Inhaltsverzeichnis

Abbildungsverzeichnis 9

Tabellenverzeichnis 9

Abkürzungsverzeichnis 10

Management summary 11

1 Einleitung **13**
    1.1 Forschungsfrage 16
    1.2 Ziel der Arbeit 17
    1.3 Wissensmanagement und Bildungsmanagement 17

2 Theoretischer Bezugsrahmen **19**
    2.1 Wissensmanagement 19
        2.1.1 Wissen 20
        2.1.2 Wissenstypologien 21
        2.1.3 Konzepte des Wissensmanagements 24
            2.1.3.1 Modell der Wissenstransformation 25
            2.1.3.2 Baustein-Modell 26
            2.1.3.3 Münchener Wissensmanagement Modell 28
        2.1.4 Wissenstransfer 30
        2.1.5 Probleme beim Wissenstransfer 32
    2.2 Bildungseinrichtungen als Expertenorganisationen 33
        2.2.1 Besonderheiten von Non-Profit-Organisationen 34
        2.2.2 Formen des Lernens in Bildungsorganisationen 37
    2.3 Möglichkeiten der betrieblichen Anreizgestaltung 40
        2.3.1 Rolle der Motivation 41
        2.3.2 Betrieblichen Anreizsysteme 42
        2.3.3 Anreizarten 43
            2.3.3.1 Intrinsische Anreize 43
            2.3.3.2 Extrinsische Anreize 44
        2.3.4 Anforderungen an Anreizsysteme 45

3 Wissensmanagement und Anreizsysteme in Bildungseinrichtungen **48**
    3.1 Bedeutung des Wissensmanagements für Bildungseinrichtungen 48
    3.2 Wissen in Bildungseinrichtungen 50

- 3.3 Kommunikationsstörungen und Ursachen für einen defizitären Wissenstransfer 52
  - 3.3.1 Symptome von Kommunikationsstörungen 52
  - 3.3.2 Ursachen und Hindernisse für den Wissenstransfer 53
- 3.4 Geeignete Anreizsysteme in Bildungseinrichtungen............................ 56
- 3.5 Anreizsysteme und ihre Anforderungen im Wissensmanagement 58
  - 3.5.1 Anforderungen an Anreizsysteme im Wissensmanagement 58
  - 3.5.2 Den Wissenstransfer fördernde Anreizinstrumente 60

4. Erfolgsfaktoren für die Umsetzung von Wissensmanagement 64
- 4.1 Unternehmenskultur 65
- 4.2 Strukturen und Prozesse.. 66
- 4.3 Informations- und Kommunikationstechnologien 68
- 4.4 Motivation und Fähigkeiten der Mitarbeiter 68
- 4.5 Unterstützung des Managements 68

5 Maßnahmen zur Förderung des Wissenstransfers in Bildungseinrichtungen 69
- 5.1 Erfolgskonzept: Community of Practice 70
  - 5.1.1 Chancen von CoP.. 72
  - 5.1.2 Rahmenbedingungen für CoP... 73
  - 5.1.3 Dilemma der Communities of Practice 74
- 5.2 Der narrative Ansatz für die Wissenskommunikation 75
  - 5.2.1 Hintergründe zum Erfahrungswissen 75
  - 5.2.2 Story telling als Chance für den Wissenstransfer 76
    - 5.2.2.1 Methodik des Story tellings... 77
    - 5.2.2.2 Grenzen des Story tellings für den Wissenstransfer.... 79
- 5.3 Generationsübergreifendes Arbeiten 81
  - 5.3.1 Wissenstransfer durch altersgemischte Tandems.................... 81
  - 5.3.2 Wissenstransfer durch altersgemischtes Mentoring 82

6 Fazit 84

Anhang 87

Literaturverzeichnis 89

Abbildungsverzeichnis

Abbildung 1: Aufbau der Arbeit 14
Abbildung 2: Wissenstreppe nach North 21
Abbildung 3: Explizites und implizites Wissen 22
Abbildung 4: Wissensspirale nach Nonaka/ Takeuchi 1997. 25
Abbildung 5: Wissensbausteine nach Probst, Raub, Romhardt. 27
Abbildung 6: Münchener Wissensmanagement Modell 29
Abbildung 8: Ursachen und Symptome von Kommunikationsstörungen 55
Abbildung 9: Top 10 Anreize bei der Wissensbereitstellung (grün schraffiert) und Wissensnutzung (grün einheitlich). 62
Abbildung 10: Methoden für den Wissenstransfer im Wissensmanagement 69
Abbildung 11: Prozess im Story Telling nach Kleiner und Roth (1998) 79
Abbildung 12: Wissensmanagementansätze 87
Abbildung 13: NPO und ihre Tätigkeitsbereiche. 87
Abbildung 14: Ziele von Anreizsystemen 88

Tabellenverzeichnis

Tabelle 1: Extrinsische und Intrinsische Motive. 41
Tabelle 2: Übersicht Anreizarten. 43
Tabelle 3: Erfolgsfaktoren für Wissensmanagement. 64

Abkürzungsverzeichnis

Anm. d. Verf. = Anmerkung der Verfasserin

Abb. = Abbildung

Ebd. = Ebenda

E-Learning = electronic Learning

Etc. = Et cetera

f. = die folgende Seite

ff. = die folgenden Seiten

Hrsg. (Hg.) = Herausgeber

i. d. R.= in der Regel

IuK = Informations- und Kommunikationstechnologien

Kap. = Kapitel

KMU = Kleine und mittlere Unternehmen

NPO = Non-Profit-Organisation(en)

S. = Seite

Tab.= Tabelle

u. a. = unter anderem

usw. = und so weiter

v. a. = vor allem

vgl. = vergleiche

z. B. = zum Beispiel

Management summary

Im Mittelpunkt der vorliegenden Arbeit steht die Veranschaulichung der Relevanz von Wissensmanagement für Bildungseinrichtungen. Die Debatte um wirkungsvolle Konzepte und deren Legitimation hält seit einigen Jahren an, jedoch sind Best-Practice-Ansätze hauptsächlich in Wirtschaftsbetrieben zu finden bzw. werden Konzepte für eben solche entwickelt. Daraus resultierte die Motivation für die Arbeit, nämlich Konzepte, die vorrangig aus dem wirtschaftlichen Kontext stammen, auf ihre Tauglichkeit für Bildungsorganisationen zu prüfen.

Bildungseinrichtungen müssen sich gleichermaßen wie Wirtschaftsbetriebe einer zunehmend dynamischen Umwelt stellen. Einen Beitrag dazu kann Wissensmanagement leisten, indem Wissen als wichtige Ressource identifiziert, gepflegt und gesteuert wird. Organisational betrachtet muss es gelingen, erfolgskritisches Wissen zu sichern und innovative Bildungsprodukte zu generieren, um dem Wettbewerb standhalten zu können. Bezieht man die individuelle Perspektive noch mit ein, kann Wissensmanagement auch zur Kompetenzentwicklung einzelner Mitarbeiter genutzt werden. Für die Erreichung dieser Ziele scheint das Münchener Modell von Reinmann-Rothmeier und Mandl besonders geeignet zu sein, da es neben der betriebswirtschaftlichen auch eine psychologisch-pädagogische Sichtweise einnimmt. Dieses Modell zeigt diverse Ansatzmöglichkeiten für Interventionen auf. So verlockend die Vereinfachung durch ein Modell erscheint, darf jedoch nicht außer Acht gelassen werden, dass der Wissensprozess an sich ein komplexer und zum Teil schwer greifbarer Vorgang ist. Insbesondere wenn es um Wissenstransfer, also die Weitergabe von Know-how von Mitarbeiter zu Mitarbeiter geht, gibt es zahlreiche Kommunikationsstörungen, die den Prozess beeinträchtigen können. Daher ist es wichtig, erste Symptome von Kommunikationsstörungen wahrzunehmen und den Ursachen auf den Grund zu gehen.

Ein weiterer zentraler Aspekt für den Erfolg von Wissensmanagementaktivitäten ist die Einbeziehung geeigneter Anreize. Während Anreizsysteme in Wirtschaftsunternehmen zum Standardinstrumentarium gehören, um Mitarbeiter zu bestimmtem Verhalten zu animieren, scheint diese Begrifflichkeit im Bildungssektor ein Fremdwort zu sein. Anreize werden hier unter anderem Namen verwendet und -wenn überhaupt- aus der Perspektive der Personalentwicklung betrachtet. Dennoch lässt sich ein weites Spektrum an Instrumenten identifizieren, insbesondere solche, die nicht monetärer Art sind. Diese können analog auf den Bildungsbereich übertragen werden.

In der Diskussion von Erfolgsfaktoren wird deutlich, dass die Unternehmenskultur einen wesentlichen Einfluss auf das Wissensmanagement ausübt. Eine wissensfreundliche und –fördernde Unternehmenskultur ist maßgebend. Daneben sollte darauf geachtet werden, dass alle Aktivitäten in bestehende Strukturen und Prozesse zu integrieren sind. Gelingt die Verzahnung nicht, kann der Nutzen des Wissensmanagements der potenziellen Anwender angezweifelt werden, so dass Akzeptanzprobleme das Scheitern begünstigen.

Der letzte Teil der Arbeit widmet sich konkreten Maßnahmen, die den Wissenstransfer in Bildungseinrichtungen befördern können. Es wurden bewusst die Methoden „Community of Practice", „Story telling" und generationsübergreifende Ansätze ausgewählt, da sie einerseits die Anforderungen an Anreize berücksichtigen und andererseits bereits auf breiter Ebene erfolgreich Anwendung finden.

1 Einleitung

*Es ist nicht genug zu wissen,
man muss es auch anwenden;
es ist nicht genug zu wollen,
man muss es auch tun.*
(Goethe)

Bildungseinrichtungen stehen vor der Herausforderung, vielfältige Aufgaben bewältigen zu müssen. Neben der originären Vermittlung von Inhalten in unterschiedlichen Lehr-Lernsituationen, müssen sie sich zunehmend mit Fragen der Marktpositionierung, der Erschließung neuer Geschäftsbereiche und der Optimierung interner Abläufe auseinandersetzen. Eine wichtige Vorrausetzung, um diese Aufgaben zu bewältigen, ist der professionelle Umgang mit Informationen und Wissen. Daher hat das bewusste Managen von Wissen eine wachsende Bedeutung für Bildungseinrichtungen.

In der Wirtschaft sind die Zusammenhänge zwischen Wissensmanagement und dem Unternehmenserfolg bereits seit den Neunzigern bekannt (vgl. Wippermann 2008: S. 268). Es wurden zahlreiche Modelle und Umsetzungsszenarien entwickelt, um Wissen gezielt als Ressource zur Wertschöpfung einzusetzen. Wissenschaftler und Praktiker haben jedoch schon bald festgestellt, dass allein ein gutes Modell für erfolgreiches Wissensmanagement nicht ausreicht. Mitarbeiter als Träger des Wissens und somit Inhaber einer Schlüsselrolle, müssen strategisch mit einbezogen werden (vgl. Zaunmüller 2005: S. 2). Darüber hinaus müssen sie die Ansätze auch anwenden wollen und leisten demnach einen aktiven Beitrag zur Umsetzung von Wissensmanagementmethoden bzw. –instrumenten. Dieser Prozess ist in hohem Maße vom Wollen, also der Motivation Einzelner abhängig. Viele Publikationen beschäftigen sich damit, wie Mitarbeiterinnen und Mitarbeiter im organisationalen Kontext motiviert werden können, sich an Veränderungsprozessen zu beteiligen. Es werden unterschiedliche Instrumente und Methoden benannt, die Mitarbeiter motivieren und zur Partizipation anregen sollen. Gerade in profitorientierten Unternehmen gibt es eine große Bandbreite an Möglichkeiten, die Rahmenbedingungen günstig zu beeinflussen, wie z. B. monetäre Anreize oder Personalentwicklungsmaßnahmen. Möchte man Wissensmanagementmodelle in Bildungseinrichtungen implementieren gilt es auch hier, fördernde Rahmenbedingungen zu schaffen, die Mitarbeiterschaft mit einzubeziehen und ihre Motivation durch Anreize zu erhöhen. Die Besonderheit ergibt sich bei Bildungseinrichtungen dadurch, dass sie überwiegend nicht gewinnorientiert sind, also einem anderen Auftrag folgen und somit in einem anderen Kontext agieren. Letztlich müssen Non-Profit-Organisationen andere Möglichkeiten zu Gestaltung von Rahmenbedingungen nutzen.

Die vorliegende Arbeit setzt sich mit genau dieser Thematik auseinander. In sechs Kapiteln soll sich der Leser einen Überblick über die Komplexität des Wissensmanagements sowie über Anreizmöglichkeiten verschaffen und praktische Konsequenzen für Bildungseinrichtungen ableiten können.

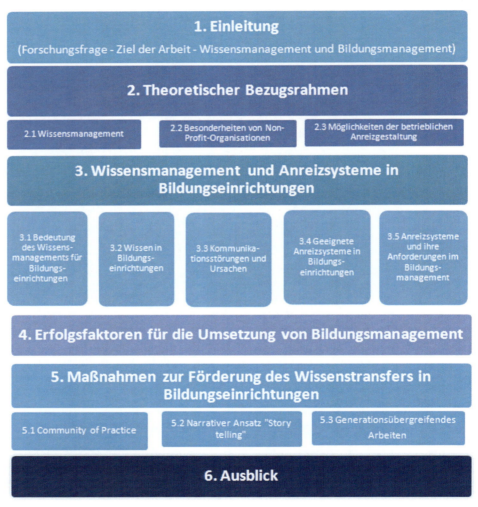

Abbildung 1: Aufbau der Arbeit

Zur Verdeutlichung der Relevanz des Themas werden im ersten Kapitel zunächst die Ausgangslage sowie die Zielsetzung der wissenschaftlichen Arbeit dargestellt.

Das zweite Kapitel stellt einen theoretischen Bezugsrahmen dar, in dem wesentliche Begriffe definiert und für die Arbeit abgegrenzt werden. Dieser bietet Hilfestellung, die Disziplin Wissensmanagement in Bildungseinrichtungen zu verankern. Dabei werden der Wissensbegriff und gängige Wissensmanagementmodelle vorgestellt. In Anbetracht der gesellschaftlichen und wirtschaftlichen Dynamik wird unter Verwendung des Münchener Modells von Reinmann-Rothmeier/ Mandl besonders der Wissenstransfer zwischen Mitarbeitern betrachtet.

Es wird erörtert, ob die Übertragung von Wissensmanagementansätzen in Non-Profit-Organisationen (NPO) anderen Regeln folgt als denen in profitorientierten Unternehmen. Daher werden allgemeingültige Charakteristika von NPO und speziell die Besonderheiten von Bildungseinrichtungen hervorgehoben. Diese spielen auch für die Anreizgestaltung eine wichtige Rolle, da man aufgrund des Kontextes und anderen Rahmenbedingungen verstärkt auf nichtmaterielle Anreize, wie z. B. Anerkennung zurückgreifen muss, um Mitarbeiter zur Teilung ihres Wissens zu motivieren.

Auf Basis der theoretischen Ausführungen folgt in Kapitel drei die Übertragung von Wissensmanagement auf Bildungseinrichtungen als eine Form von Non-Profit-Organisationen. Nach der Darstellung der Notwendigkeit von Wissensmanagement für Bildungseinrichtungen werden aufgrund der Bedeutung der Partizipation von Mitarbeitern auch geeignete Anreize für Bildungseinrichtungen vorgestellt. Da Wissensprozesse stark auf Kommunikationsprozessen basieren, wird auch Ausführungen zu Kommunikationsstörungen ausreichend Raum gegeben.

Nachdem im vierten Kapitel Erfolgsfaktoren, beispielsweise die Unternehmenskultur, für die Umsetzung von Wissensmanagementaktivitäten dargestellt werden folgen in Kapitel fünf konkrete Handlungsempfehlungen, die den Wissenstransfer in Bildungsinstitutionen fördern sollen. Demnach profitieren besonders Praktiker von Kapitel fünf, die hier konkrete Instrumente für Bildungseinrichtungen finden. Unter Berücksichtigung bestimmter Rahmenbedingungen werden Ideen sowohl zur Anreizgestaltung wie auch zur Anregung des Wissenstransfers gegeben. Dabei wird berücksichtigt, dass die Gestaltungsmöglichkeiten auf unterschiedlichen Ebenen ansetzen müssen (Mitarbeiterebene, Management, Organisation) aber immer mit den Organisationszielen verzahnt und laufend evaluiert werden sollten.

Kapitel sechs fasst die Ergebnisse zusammen, zeigt kritische Aspekte auf und hebt auch die Chancen des Wissensmanagements hervor. Da es im Bereich des Wissensmanagement für NPO noch nicht diese Vielfalt an wissenschaftlichen Publikationen gibt, wird ein Ausblick auf mögliche Forschungs- und Handlungsfelder gegeben.

Hinweis zur Formulierung: Bei allen Bezeichnungen, die auf Personen bezogen sind, meint die gewählte Formulierung beide Geschlechter, auch wenn aus Gründen der besseren Lesbarkeit die männliche Form gewählt wurde.

1.1 Forschungsfrage

Wissensmanagement erfreut sich seit vielen Jahren großer Beliebtheit. Publikationen mit sich ständig verändernden Konzepten werden veröffentlicht, um Wissen als Erfolgsmotor für Unternehmen zu generieren. In Anbetracht der sich schnell verändernden Umwelt und der wachsenden Herausforderungen auch für Institutionen aus dem Bildungsbereich als Teil des Non-Profit-Bereichs, sollte sich das Forschungsgebiet auf genau dieses Themengebiet ausweiten. Gerade die Landschaft von Bildungseinrichtungen verändert sich stetig durch die wachsende Konkurrenz der Bildungsanbieter und durch stark differenzierte Bildungskonsumenten. Um einen Beitrag für diesen Sektor zu leisten, setzt sich die vorliegende Masterarbeit mit der Frage auseinander, wie Wissensmanagement in Bildungseinrichtungen Wissen entwickeln und steuern kann, um die Organisationsziele bestmöglich zu erreichen. Dabei soll insbesondere dem Wissenstransfer innerhalb einer Einrichtung besondere Beachtung zukommen, da durch Faktoren wie dem demographischen Wandel und dem erwarteten Mangel an Fachkräften dem Verlust von Wissen durch ausscheidende Mitarbeiter entgegengewirkt werden muss.

Angelehnt an Publikationen, die vorrangig Vorschläge für Wirtschaftsorganisationen geben und unter Berücksichtigung der Spezifika von Non-Profit-Organisationen werden Ansätze vorgestellt, die zur Gestaltung förderlicher Rahmenbedingungen beitragen können. Da die Implementierung von Wissensmanagement nur gelingen kann, wenn Organisationsmitglieder motiviert sind ihr Wissen zu teilen, sollen auch geeignete Maßnahmen zur Anreizgestaltung diskutiert werden.

1.2 Ziel der Arbeit

Das Ziel der vorliegenden Arbeit ist es, die Zusammenhänge zwischen Wissen und Wissensmanagement darzustellen und ein geeignetes Wissensmanagementmodell für Bildungseinrichtungen vorzustellen, welches die spezifischen Rahmenbedingungen von NPO berücksichtigt. Dabei wird weniger den Instrumenten moderner Informations- und Kommunikationstechnologien Aufmerksamkeit geschenkt, sondern vielmehr der Mensch als „eigentlicher Urheber und Träger des Wissens" (Falk 2007: S. 15) betrachtet, der einen großen Einfluss darauf hat, ob Wissensmanagementprojekte erfolgreich umgesetzt werden. Insofern liegt ein zweiter Schwerpunkt der Arbeit auf der Darstellung von Möglichkeiten zur Anreizgestaltung, die insbesondere in NPOs die Motivation und Partizipation einzelner Organisationsmitglieder erhöhen sollen. Die Arbeit zeigt, wie in Bildungsorganisationen konkrete Instrumente und Methoden zur betrieblichen Anreizgestaltung platziert werden können, um den Wissenstransfer innerhalb der Einrichtung zu fördern. Gelingt die Umsetzung dieser Ansätze, wird ein wesentlicher Beitrag zur Innovations- und Wettbewerbsfähigkeit der Bildungseinrichtung und in der Konsequenz auch zur lernenden Organisation geleistet.

1.3 Wissensmanagement und Bildungsmanagement

Wissensmanagement und Bildungsmanagement weisen verschiedene Berührungspunkte auf. Bildungsmanagement betrachtet die Bildung in einer Organisation sehr ganzheitlich. Aus der Perspektive des Bildungsprozessmanagements geht es insbesondere um die Qualität der Lehr-Lernprozesse auf unterschiedlichen Ebenen, damit kann z. B. die Didaktik einer Fortbildungseinheit, die Weiterbildungsabteilung innerhalb einer Organisation, usw. gemeint sein (vgl. Wilkesmann und Wilkesmann in Gessler 2009: S. 157). Das Bildungsbetriebsmanagement fokussiert u. a. Kosten-Nutzen-Relationen sowie Effektivität und Effizienz von Bildungsmaßnahmen.

Die Stärke des Wissensmanagements liegt darin, dass es beide Perspektiven vereinen kann. Einerseits kann es angewandt werden auf die Förderung einzelner Mitarbeiter (im Sinne von Personalentwicklungsmaßnahmen) mit dem Ziel, ihre Kompetenzen hinsichtlich der Organisationsziele zu erweitern. Andererseits fördert Wissensmanagement die Ausrichtung von Bildungsaktivitäten auf organisationaler Ebene, so dass eine bessere Anpassungsfähigkeit an sich verändernde Rahmenbedingungen erfolgen kann und damit die Wettbewerbsfähigkeit erhalten bleibt bzw. ausgebaut werden kann ohne die ökonomische Perspektive aus dem Blick zu verlieren. Wissensmanagement als Disziplin des Bildungsmanagements leistet somit einen wichtigen Beitrag zur lernenden Organisation.

2 Theoretischer Bezugsrahmen

Kapitel zwei behandelt die theoretischen Grundlagen, auf der alle weiteren Ausführungen basieren. Eine ausführliche Einführung in die Thematiken „Non-Profit-Organisationen" und „Anreizgestaltung" kann im Rahmen dieser Arbeit nicht geleistet werden, daher sollen nur die wesentlichen Aspekte der Anreizgestaltung und prägnante Spezifika von Bildungseinrichtungen als Teil von Non-Profit-Organisationen dargestellt werden. Grundbegriffe des Wissensmanagements werden hingegen ausführlich erklärt.

Im Anschluss folgen Erläuterungen zu betrieblichen Anreizsystemen, so dass im weiteren Verlauf die Verknüpfung bestimmter Anreize mit Wissensmanagement in Bildungseinrichtungen ausgeführt werden kann.

2.1 Wissensmanagement

Konkret dreht sich die Fragestellung im Wissensmanagement darum, wie Wissensprozesse strukturiert und strategisch ausgerichtet werden können, um sie im Sinne der Organisationsziele zu beeinflussen. Darüber hinaus „soll das Wissenskapital vermehrt und dadurch der Unternehmenswert nachhaltig gesteigert werden" (North 2011: S. 3). Laut North befindet sich die Gesellschaft in einer Umbruchphase, in der Kapital und Arbeit an Wert verlieren, hingegen Wissen zu einer knappen und wertvollen Ressource für Unternehmen wird (ebd. S. 16). Aber nicht nur in der Wirtschaft hat Wissen eine mächtige Rolle, sondern auch der Bildungsbereich hat Bedarf an Wissensmanagement (vgl. Severing 2009: S. 14 ff). In erster Linie geht es um die Weitergabe und Verbreitung von Wissen (im besten Fall von Kompetenzen) beispielsweise im Rahmen von Schulunterricht oder Fortbildungen. Aber auch Bildungseinrichtungen brauchen Wissensmanagement für ihre Unterstützungsprozesse, z. B. um sich zur lernenden Organisation zu entwickeln. Der gesellschaftliche und politische Rahmen verändert sich rasant und Bildungsverantwortliche müssen sich neuen Zielgruppen, neuen rechtlichen Vorgaben, innovativen Projetideen usw. stellen können. Diesen Herausforderungen kann man mit Wissensmanagement begegnen, da es Wissen generiert, es für viele nutzbar macht und es für die Organisation erhält (vgl. Wippermann 2008: S. 275).

Bevor die Anwendung von Wissensmanagementmodellen erfolgen kann, muss man sich zunächst damit auseinandersetzen, was „Wissen" bedeutet, welche Dimensionen Wissen beinhaltet, um eine gemeinsame Verständnisgrundlage zu erlangen und um damit nachfolgende Modelle unmissverständlich betrachten zu können.

2.1.1 Wissen

Es gibt eine Vielzahl von Definitionen des Wissensbegriffs, was darauf zurückzuführen ist, dass sich viele Disziplinen mit der Bedeutung des Wissens auseinandergesetzt haben und jede für sich eine bestimmte Auslegung beansprucht. Demzufolge gibt es keine allgemeingültige Definition, jedoch hat sich im Rahmen des Wissensmanagement die Vorstellung von *Daten, Informationen* und *Wissen* durchgesetzt (vgl. Reinmann-Rothmeier u. a. 2001: S. 15 f.; vgl. Wiater 2007: S. 15 ff.).

Dabei versteht man unter Daten eine „kombinierte Folge von Zeichen (zum Beispiel Zahlen oder Buchstaben)" (Reinmann-Rothmeier u. a. 2001: S.16), die an sich noch keine Bedeutung haben und im Allgemeinen als „hart" bezeichnet werden (vgl. Surenbrock 2008: S. 7). Werden Daten jedoch in einen Kontext gestellt, sozusagen in Beziehung zu anderen Daten gesetzt, bekommen sie einen Sinn und werden zu Informationen. Diese „lediglich subjektiv wahrnehmbaren und verwertbaren" Informationen bilden die Basis des Wissens, sind aber keinesfalls damit gleichzusetzen (ebd.). Man kann beispielsweise eine Information haben (z. B. kann man in einer Datenbank Datensätze abrufen) ohne automatisch über das entsprechende Wissen zu verfügen. Die Information wird erst zum Wissen, wenn sie sich mit der persönlichen Erfahrung verbindet, wenn sie zuvor sinngemäß bewertet und eingesetzt werden konnte, um ein bestimmtes Ziel zu erreichen. Der Nutzer ist dann in der Lage, durch neue Ideen und Entscheidungen neues Wissen zu generieren und damit Probleme zu lösen (vgl. Specht in Bellinger/ Krieger 2007: S.32; vgl. Surenbrock 2008: S. 9). Nach dieser Vorstellung entsteht Wissen in einem Anreicherungsprozess. Zur anschaulichen Darstellung dieses Vorgangs scheint die „Wissenstreppe" von North sehr geeignet.

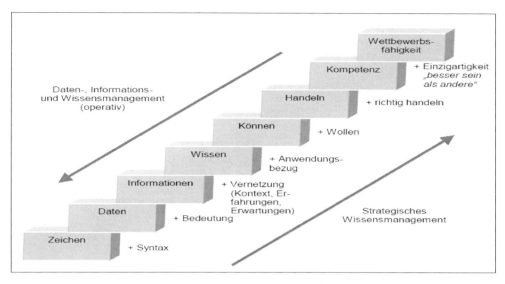

Abbildung 2: Wissenstreppe nach North *(Quelle: Falk 2007: S. 20)*

Die Wissenstreppe zeigt zudem den Zusammenhang zwischen Wissen und Kompetenz[1] bzw. in letzter Konsequenz auch der Wettbewerbsfähigkeit: Erst „wenn diese Informationsvernetzungen, -interpretationen und -integrationen zu einer Erhöhung des Handlungspotentials und somit der Problemlösungsfähigkeit führt" kann von Wissen gesprochen werden (Falk 2007: S. 23). Wissen ist demzufolge das Resultat eines Lernprozesses. Auf Wissen aufbauend sind letztlich die Stufen „Können" (das Wissen wird bewusst eingesetzt), „Handeln", „Kompetenz" (richtiges Handeln im Sinne der Problemlösung) und „Wettbewerbsfähigkeit" (Kompetenz ist durch die Individualität schwer imitierbar, trägt zur Wettbewerbsfähigkeit bei) (vgl. Falk 2007: S. 21).

Die Mitbegründer des Wissensmanagements, Nonaka und Takeuchi teilen ebenfalls die Auffassung, dass Wissen immer in einem dynamischen Prozess entsteht und subjektgebunden ist. Darüber hinaus ist es immer an das Handeln und die Bedeutung gebunden, da „Wissen kontext- und beziehungsspezifisch ist" (Surenbrock 2008: S. 8).

2.1.2 Wissenstypologien

Beleuchtet man den Wissensbegriff, begegnet man verschiedenen Wissensarten, die Wissen in verschiedene Segmente aufteilen. Da sich zahlreiche Autoren mit der Definition von Wissensarten beschäftigt haben, darf man sich von den Begrifflichkeiten

---

[1] Der Kompetenzbegriff und damit zusammenhängende wissenschaftliche Diskurse werden an dieser Stelle nicht vertieft. Ausführlichere Informationen sind bei North (2011: S. 151) nachzulesen.

nicht irritieren lassen. Oftmals gibt es mehrere Bezeichnungen für die scheinbar gleiche Wissensart bzw. auch Überschneidungen.

Eine der wichtigsten Unterscheidungen findet man im *impliziten* und *expliziten Wissen*. Das implizite Wissen ist nicht artikulierbar, stark erfahrungsabhängig und damit an seinen Träger gebunden. Es ist schwierig, dieses diffuse Wissen systematisch zu erfassen, gerade weil es dem „Besitzer" nicht unbedingt bewusst ist (vgl. Falk 2007: S. 22). Zu finden ist es in „Denkschemata, Wirklichkeitskonstrukten, Glaubenssätzen, Grundüberzeugungen, der Weltwahrnehmung und auch in intuitivem Wissen um Prozesse und Abläufe" (Specht in Bellinger/ Krieger 2007: S.32). Das explizite Wissen hingegen kann in Worte gebracht und weiter gegeben werden (vgl. Reinmann-Rothmeier u. a. 2001: S. 17). Ein gutes Beispiel für explizites Wissen stellen ebenfalls in diesem Beispiel Datenbanken dar: Die hinterlegten Daten sind in schriftlicher Form zusammengefasst, jederzeit abruf- und übertragbar (vgl. Specht in Bellinger/ Krieger 2007: S.32). Eine hilfreiche Übersicht über explizites und implizites Wissen findet sich in folgender Tabelle, in welcher auch die Ausweitung auf die kollektive (z. B. in einem Arbeitsteam) und organisationale Ebene gezeigt wird.

	Individuelle Ebene	Kollektive Ebene	Organisationale Ebene
Explizites Wissen	z. B. • Fachwissen • Wissen über Kunden • ...	z. B. • Gruppenregeln • Handbücher • ...	z. B. • Organisationsvision • Patente • ...
Implizites Wissen	z. B. • Erfahrungswissen • Persönliche Einstellungen • ...	z. B. • Gruppenkultur • Prozesse • ...	z. B. • Organisationskultur • (geheime) Spielregeln • ...

Abbildung 3: Explizites und implizites Wissen *(Quelle: Falk 2007: S. 22)*

Ähnlich wie bei der Wissenstreppe findet auch hier ein Anreicherungsprozess innerhalb einer Organisation statt: Zunächst ist Wissen jeglicher Art an den Menschen gebunden (individuelle Ebene). Durch die Interaktion mit Kollegen findet ein Wissensaustausch statt und es entsteht das kollektive Wissen. Werden gezielt Instrumente des

Wissensmanagements eingesetzt, wie beispielsweise das Best-Practice-Sharing[2], überträgt sich das Wissen auf eine breitere Masse und wird zunehmend zum organisationalen Wissen (vgl. Falk 2007: S. 22).

Eine weitere Differenzierung findet man zwischen *Sachwissen* und *Handlungswissen*. Während sich das Sachwissen auf bestimmte Inhalte konzentriert (z. B. die Fragebogenerstellung für eine Teilnehmerbefragung), beinhaltet das Handlungswissen die Erfahrungswerte in Bezug auf einen Prozess. In diesem Beispiel wäre das Wissen über die Durchführung der Befragungen unter Berücksichtigung erfolgversprechender Rahmenbedingungen als Handlungswissen einzuordnen. Wie beim impliziten Wissen ist auch das Handlungswissen stark an den Wissensträger gebunden und schwerer zugänglich (vgl. Reinmann-Rothmeier u. a. 2001: S. 17).

Ferner relevant ist die Unterscheidung von *individuellem* und *organisationalem Wissen*. Das erstere ist bei den einzelnen Organisationsmitgliedern zu finden. Das organisationale Wissen hingegen beinhaltet die „Regeln, Normen, Strukturen oder Technologien einer Organisation" (vgl. Reinmann-Rothmeier u. a. 2001: S. 17). Weiter kann diese Wissensart noch nach Sanchez in die Kategorien *Know-How* (im weitesten Sinne praktisches Wissen), *Know-Why* (Verständnis für ursächliche Wirkungsmechanismen) und *Know-What* (strategisches Wissen über die Kombinierbarkeit von Know-How und Know-Why) eingeteilt werden (vgl. Surenbrock 2008: S. 9; Capurro 2001).

Die Literatur des Wissensmanagements weist noch weitere Unterscheidungsmöglichkeiten für den Wissensbegriff auf, die an dieser Stelle nicht weiter ausgewiesen werden. Gerade für die Auseinandersetzung der vorliegenden Arbeit sind die genannten Wissensarten implizites / explizites, individuelles / organisationales Wissen sowie Handlungs- und Sachwissen von besonderer Bedeutung. Wenn an späterer Stelle Ansätze für den Wissenstransfer vorgestellt und diskutiert werden, geht es vor allem darum, schwer zugängliches Wissen Einzelner zu erreichen, um es auf organisationaler Ebene nutzbar zu machen. Zudem ist allgemein bekannt, dass, vergleicht man das Unternehmenswissen mit einem Eisberg, der Anteil des impliziten Wissens „unter der

---

[2] Darunter ist zu verstehen, dass ein Erfolgsmodell, welches bei einem Konkurrenten, bei eigenen Mitarbeitern oder branchenfremden Organisationen gefunden wurde, im eigenen Unternehmen eingesetzt wird (www.4managers.de).

Wasseroberfläche" sitzt und das explizite, also artikulierbare und bewusste Wissen lediglich die Spitze darstellt. Es gibt einen großen Handlungsbedarf das implizite Wissen in explizites zu transferieren, da es für alle Abläufe innerhalb einer Organisation ein wichtige Rolle spielt und beispielsweise durch Ausscheiden von Mitarbeitern verloren geht (vgl. Schuster 2011: S. 11).

2.1.3 Konzepte des Wissensmanagements

Modelle helfen, sich einen Überblick über komplexe Sachverhalte zu verschaffen. Im vorliegenden Fall sollen die vorgestellten Modelle zeigen, wie Wissensmanagementaktivitäten gestaltet werden können, um zur Wertschöpfung eines Unternehmens beizutragen.

Man unterscheidet zwischen zwei Grundausrichtungen[3] im Wissensmanagement: Dem humanorientierten und dem technologieorientierten Wissensmanagement. Das Letztere (mit einer Nähe zum Informations- und Datenmanagement) propagiert vor allem den Einsatz moderner Technologien, um Wissensbestände vorzugsweise in Datenbanken und Expertensystemen zu sichern und zu verteilen. Der Faktor Mensch wird hier vernachlässigt. Das humanorientierte Wissensmanagement hingegen, welches in vorliegender Arbeit eine höhere Relevanz hat, stellt den Menschen als Wissensträger in den Mittelpunkt und bedient sich bei den Konzepten psychologischer und soziologischer Erkenntnisse. Nach dem humanorientierten Verständnis verfügt der Mensch über nicht ausgeschöpfte Potenziale, die durch organisationales Wissensmanagement freigelegt werden können. Diese Bemühungen sollen zu einer Unternehmenskultur beitragen, in der Organisationsmitglieder freiwillig am Lernen teilnehmen und ihr Wissen bereitwillig mit anderen teilen. Der reine humanorientierte Ansatz beschäftigt sich nur marginal mit den Möglichkeiten und Chancen von Informations- und Kommunikationstechnologien, worin eindeutig das Manko zu sehen ist (vgl. Zaunmüller 2005: S. 16).

Zweifelsohne liegt der Erfolg von Wissensmanagementmodellen in der Verbindung beider Ansätze, da auf der einen Seite der Mensch als der zentrale „Ort des Lernens" steht und auf der anderen Seite moderne Informations- und Kommunikationstechno-

---

[3] Manche Autoren sprechen von drei Arten von Wissensmanagementansätzen. Neben den Vorgestellten wird oft der „ganzheitliche" oder „integrative" Ansatz als eigener vorgestellt, er verbindet den technik- mit dem humanorientierten Ansatz (vgl. Zaunmüller 2005: S. 15).

logien eine unverzichtbare Unterstützungsleitung bringen (vgl. Lehner 2009: S. 35 f.; siehe Anhang Abb. 12). Darüber hinaus erfordert es die gesamtgesellschaftliche Entwicklung, aus der eine stetige Zunahme der Nutzung moderner Kommunikationswege resultiert, dass eine Mitarbeiterschaft sich mit dem professionellen Umgang mit Medien auseinandersetzt. Es gilt zu prüfen, in welcher Art Informations- und Kommunikationstechnologien unterstützend eingesetzt werden und diese die Entfaltung von Synergien fördern können bzw. welche Vorteile sich durch die Interaktion zwischen den Determinanten Technik, Mensch und Organisation[4] ergeben können (vgl. Zaunmüller 2005: S. 16).

2.1.3.1 Modell der Wissenstransformation

Die Mitbegründer des Wissensmanagements, Nonaka und Takeuchi, beschäftigten sich vor allem mit der Umwandlung von implizitem Wissen in explizites Wissen und entwickelten 1997 das „Modell der Wissenstransformation".

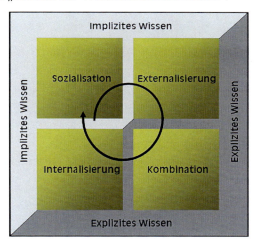

Abbildung 4: Wissensspirale nach Nonaka/ Takeuchi 1997 *(Quelle: Wikipedia)*.

Für den Umwandlungsprozess beschreiben sie vier Phasen:
In der *Sozialisation* wird das Wissen anderer unbewusst übernommen. Dies kann durch gemeinsame Beobachtung und Imitation oder Teamarbeit geschehen. Bei der *Externalisierung* wird das implizite Wissen durch Kommunikationsprozesse in explizites transferiert. Besonders mithilfe von z. B. Analogien wird das schwer verbalisierbare implizite Wissen artikulierbar. Die *Kombination* beschreibt die Verzahnung der beiden

---

[4] Tiefergehende Erläuterungen zum Verhältnis von Technik, Organisation und Mensch sind Reinmann-Rothmeier u. a. (2001: S. 19) zu entnehmen.

Wissensarten durch z.B. fachlichen Austausch. Wird dieses Wissen mit vorhandenem expliziten Wissen kombiniert, wird die Entstehung neuen Wissens begünstigt. In der *Internalisierung* wird das neue explizite Wissen, begleitet durch „eine Phase der individuellen Erfahrung und des individuellen Erlebens" schließlich durch Routine verinnerlicht (Falk 2007: S. 29).

In der Praxis kann das folgendermaßen aussehen: Mitarbeiter einer Abteilung lernen unbewusst voneinander. Durch Teambesprechungen teilen sie bewusst ihr Wissen, erweitern es durch das Wissen der Kollegen und probieren neue Methoden aus. Durch mehrmaliges Wiederholen verfestigt sich das neue Wissen und erweitert damit die individuelle Wissensbasis.

Gelingt es, diese vier Schritte mehrfach zu durchlaufen, entsteht die *Wissensspirale* und damit generiert sich neues Wissen. Dieses Modell kann ebenfalls auf organisationales[5] Lernen angewandt werden indem nicht nur Organisationsmitglieder, sondern ganze Gruppen bzw. die gesamte Organisation den Prozess durchlaufen. In diesem Fall spricht man von einem „organisatorischen Wissensgenerierungsprozess", durch welchen das Wissen der Mitarbeiter, folglich die Wissensbasis der Organisation, entwickelt wird (Zaunmüller 2005: S. 18).

Ein Vorteil dieses Modells liegt darin, dass es sich an den Zielen der Organisation wie auch den Belangen ihrer Mitglieder orientiert und zugleich die Kommunikation fördert. Die Entwicklung kann sich jedoch nachteilig auswirken, wenn das Wissensmanagement losgelöst von Zielsetzung und Bewertung erfolgt und den Eindruck eines „Management des Zufalls" hinterlässt (Vitenko/ Kihong 2009: Folie 15).

2.1.3.2 Baustein-Modell

Probst, Raub und Romhardt lehnen sich an Nonakas und Takeuchis Vorbild an, erweitern ihr Wissensmanagementmodell aber noch durch einen ganzheitlicheren Managementansatz. Ihre Vorstellungen basieren auf dem betriebswirtschaftlich orientierten Baustein-Modell, welches dem „mechanistischen Wissensmanagement" zugeordnet wird und sich durch seine prozessorientierte Sichtweise auszeichnet (Kilian u. a. 2006: S. 9 f.). Es setzt sich aus insgesamt acht Bausteinen zusammen: Sechs Bausteine

---

[5] In diesem Fall spricht man von der „ontologischen Dimension", in der besonders die Unterscheidung von individuellem und kollektivem Wissen betrachtet wird (vgl. Zaunmüller 2005: S. 17).

beschreiben die sich wechselseitig beeinflussenden Kernprozesse des Wissensmanagements. Eingebettet sind diese Kernprozesse in den Management-Regelkreis von Steuerung und Kontrolle, so dass alle Wissensaktivitäten zielgerichtet erfolgen und bewertet werden können.

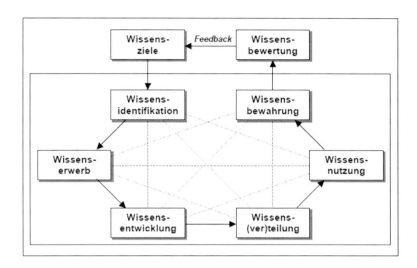

Abbildung 5: Wissensbausteine nach Probst, Raub, Romhardt *(Quelle: Falk 2007: S. 30)*.

Wissensziele leiten sich von den Organisationszielen ab und weisen die Richtung der Wissensmanagementaktivitäten. Die *Wissensidentifikation* dient der Lokalisierung von Wissensbeständen, verhilft der Transparenz und deckt Wissensdefizite auf. Diese Wissenslücken werden (wenn die Wissensziele es fordern) durch Wissenserwerb und häufig durch extern verfügbares Wissen geschlossen. Eine andere Möglichkeit, die Defizite auszugleichen ist die *Wissensentwicklung* durch die Verfügbarkeit interner Ressourcen. Vielfach ist die Wissensentwicklung zu bevorzugen, da nicht jedes benötigte Wissen extern verfügbar oder rentabel ist oder gar wettbewerbskritische Inhalte enthält. Wissen kann im Unternehmen erst dann effektiv genutzt werden, wenn es durch *Wissensverteilung* in den Umlauf gebracht wird. Unabhängig davon, ob es um die interpersonelle Wissens(mit)teilung oder die „vom Management angeordnete und durchgeführte Wissens(ver)teilung" geht, zielt sie darauf ab, dass alle über das zur Aufgabenerfüllung notwendige Wissen verfügen können (Falk 2007: S. 31). Mit der *Wissensnutzung* wird organisationales Wissen bewusst genutzt. Dies kann nur erfolgen, wenn den Barrieren der Wissensnutzung zuvor Beachtung geschenkt wird und diese abgebaut werden. Das aufwändig generierte Wissen muss auch für spätere

Prozesse aufbewahrt werden (*Wissensbewahrung*). In einem Dreischritt bestehend aus „Selektion", „Speicherung" und „Aktualisierung" wird das Wissen auf seine Relevanz bezüglich der Unternehmensziele geprüft und dann vorwiegend in elektronischer Form gespeichert. Durch die Aktualisierung wird die Aktualität des Wissens gewährleistet was gerade bei den technischen Möglichkeiten einen hohen Stellenwert hat.

Mit der *Wissensbewertung* schließt sich letztendlich der Wissensmanagementkreis. In diesem Schritt erfolgt die Prüfung, ob die aufgestellten Wissensziele erreicht wurden.

Die einzelnen Bausteine sind gleichwertig zu betrachten und können jeder für sich und insbesondere die sechs Kernprozesse als Ansatzpunkt für Interventionen genutzt werden (ebd. S. 32).

Dieses Modell ist weit verbreitet und hat seine Stärke vor allem darin, dass es sehr pragmatisch und anwendungsorientiert ist. Durch eine klare Definition und Abgrenzung zwischen den unterschiedlichen Bausteinen ermöglicht es eine strukturierte Betrachtung von Wissensprozessen. Geleitet durch Ziele und begleitet durch die ständige Bewertung (Evaluation) behält es den Bezug zum Management und berücksichtigt Kriterien der Effektivität und Effizienz (vgl. Vitenko/ Kihong 2009: Folie 15).

2.1.3.3 Münchener Wissensmanagement Modell

Aufbauend auf den bisherigen Erkenntnissen des Wissensmanagements und angelehnt an das Bausteinmodell entwickelten Reinmann-Rothmeier, Mandl und Erlach 1999 das sogenannte Münchener Modell. Dieses beschreibt die Verbindung eines Management-Regelkreises mit den wesentlichen Prozessen des Wissensmanagements, „in dem eine unternehmensrelevante Zielsetzung und eine entsprechende Evaluation Anfangs- und Endpunkt verschiedener Wissensmanagement-Prozesse bilden" (Winkler/ Mandl in: Bellinger u. a. 2007: S. 114).

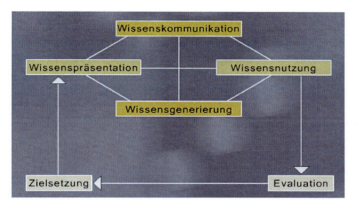

Abbildung 6: Münchener Wissensmanagement Modell *(Quelle: www.immo.bfz.de)*

Das Modell basiert auf insgesamt sechs Prozessbereichen, wovon zwei Bereiche, „Zielsetzung" und „Evaluation" als übergeordnete Vorgänge zu verstehen sind, die auf jeden einzelnen Prozessschritt Anwendung finden. Die verbleibenden Prozesse zielen auf den Umgang mit Wissen ab:

Die *Wissensrepräsentation* beinhaltet alle Prozesse, die Wissen identifizieren, dokumentieren und speichern. Das Wissen wird in diesem Vorgang transparent gemacht und in ein Format gebracht, in dem es ausgetauscht und bewahrt werden kann. Gute Unterstützungsmöglichkeiten dafür bietet der Einsatz moderner Technologien. Bei der *Wissenskommunikation* werden Informationen und Wissen verteilt, Wissen vermittelt und durch Kooperationen neu konstruiert. Zur *Wissensgenerierung* werden Prozesse gezählt, die auf externe Wissensbeschaffung abzielen und die Initiierung von personalen und technischen Wissensnetzwerken sowie Wissensressourcen fördern. Hierbei wird die Wissensentwicklung angeregt. Die *Wissensnutzung* beinhaltet Prozesse, die das Wissen in Handlungen und Entscheidungen münden lässt und die Entstehung neuer Produkte und Dienstleistungen begünstigt (vgl. Reinmann-Rothmeier 2001: S. 20 f.; vgl. Bellinger u. a. 2007: S. 114).

Für jeden Prozessschritt werden Wissensziele formuliert, deren Erreichung anhand der Evaluation überprüft wird. Dabei werden die einzelnen Schritte immer in ihrem Zusammenhang und der gegenseitigen Wechselwirkung betrachtet.

Das Münchener Modell ist, wie auch die zuvor vorgestellten Modelle, sehr praxisorientiert und erlaubt eine strukturierte Betrachtungsweise von Wissensprozessen. Mit Hilfe solcher Modelle kann es gelingen, gezielte Interventionen in bestimmten Bereichen in die Wege zu leiten, um die Rahmenbedingungen für Wissensprozesse bewusst in

Richtung der Organisationsziele zu steuern. Die große Stärke des Münchener Modells liegt vor allem darin, dass „es mitunter eine pädagogisch-psychologische Perspektive einnimmt und den individuellen Lernprozess in einen im Management vielfach angewendeten Regelkreis (Plan-Do-Check-Act) integriert" (Schuster 2011: S. 14). Es findet Anwendung sowohl für ganze Organisationen als auch für einzelne Abteilungen oder, im Sinne der Kompetenzförderung, individuell auf einzelne Mitarbeiter (vgl. Reinmann-Rothmeier u. a. 2001: S.21, vgl. Bellinger u. a. 2007: S. 130). Im Vergleich zum Konzept von Nonaka und Takeuchi ist festzustellen, dass das Münchener Modell (wie auch das Baustein-Modell) einen Vorteil daraus zieht, alle Wissensmanagementaktivitäten mit den Unternehmenszielen zu verzahnen und darüber hinaus v. a. durch die pädagogisch-psychologische Sichtweise dem Menschen als Wissensträger eine zentrale Rolle zukommen lässt (vgl. Falk 2007: S. 33). Daher soll es als Grundlage für die weiteren Ausführungen dienen.

2.1.4 Wissenstransfer

Wissensmanagement zielt in letzter Konsequenz darauf ab, der Organisation Wettbewerbsvorteile zu verschaffen. Diese werden aber nicht nur erlangt, indem neues Wissen im Sinne von Innovationen geschaffen wird. Mindestens genauso wichtig ist es, vorhandene Wissensbestände sicherzustellen und sie weiterzugeben.

Ein besonderes Augenmerk wird in dieser Arbeit auf den Wissenstransfer innerhalb einer Organisation gelegt. Vor dem Hintergrund der sich stark verändernden Arbeitswelt liegt eine Herausforderung darin, das erfolgskritische Wissen der Mitarbeiterschaft zu sichern und es für die nachfolgende jüngere Generation nutzbar zu machen. Der Wissenstransfer leistet hierzu einen wichtigen Beitrag (vgl. Schuster 2011: S. 7 ff.).

In der Wissensmanagementliteratur sind zahlreiche Definitionen zum Wissenstransfer zu finden und daher trifft man auch auf weitere Begriffsbezeichnungen, wie z.B. „Wissensaustausch", „Wissenskommunikation", „Wissens(ver-)teilung" oder „Know-how-Transfer", um nur einige zu nennen (vgl. Lehner 2009: S. 19). Eindeutig definiert ist dieser Begriff somit nicht, so dass eine Eingrenzung der Begriffsweite erforderlich ist.

Wissenstransfer im vorliegenden Zusammenhang wird sich damit auseinandersetzen, wie Wissen (implizites wie auch explizites) „mittels verbaler und nonverbaler Kommunikation zwischen zwei oder mehreren Wissensträgern" innerhalb einer Organisation weitergegeben und verteilt wird (Surenbrock 2008: S. 12). Darunter sind die Wissensweitergabe von Mitarbeiter zu Mitarbeiter oder auch größere organisationale Transferaktivitäten zu fassen. Im Wesentlichen werden die nachfolgenden Wissensmanagement-Prozesse auf den *internen Wissenstransfer*[6] angewandt; hierbei geht es um den Wissensaustausch innerhalb der Unternehmensgrenzen zwischen den Abteilungen und einzelnen Mitarbeitern (versus externer Wissenstransfer durch die Integration externer Partner) (vgl. Lehner 2009: S. 81). Auch relevant ist die Differenzierung zwischen *direktem* und *indirektem Wissenstransfer*. Ersterer bezieht sich auf die gesteuerte Übertragung von Wissen auf Organisationsmitglieder (z.B. Qualitätszirkel) wohingegen der indirekte Wissenstransfer als Nebeneffekt bestimmter Maßnahmen eintritt (z.B. Job Rotation[7]) (vgl. Surenbrock 2008: S. 12).

Der Kernprozess „Wissenstransfer" taucht in allen vorgestellten Wissensmanagementmodellen auf: Bei Nonaka/ Takeuchi basiert der Kern der Wissenstransformation auf der Kommunikation des Wissens, infolge dessen wachsen individuelle Wissensbestände (epistemologische Dimension) und damit auch die Wissensbasis der Organisation (ontologischen Dimension) an (vgl. Falk 2007: S. 29).

Bei Probst, Raum und Romhardt ist es v. a. die „Wissens(ver)teilung" die den Wissenstransfer fördert. Daran gekoppelt muss auch die „Wissensnutzung" beachtet werden, da Wissen erst dann aufgenommen werden kann, wenn der Nutzer es auch aktiv aufnehmen kann und will. Hierfür muss das Wissen überhaupt es zugänglich sein (vgl. Surenbrock 2008: S. 13).

Im Münchener Modell ist es die „Wissenskommunikation", die einen erheblichen Beitrag zur Verbreitung des Wissens beiträgt. Die Wissenskommunikation bringt das Wissen in Bewegung: Es wird verteilt, weitergegeben, geteilt und gemeinsam neu konstruiert. Durch die Schaffung von Wissensnetzwerken oder sogenannten Communities wird dieser Prozess gefördert (vgl. Reinmann-Rothmeier u. a. 2001: S. 34).

---

[6] In Abgrenzung dazu werden bei Lehner diverse andere Formen des Wissenstransfers beschrieben: Z. B. (un-)beabsichtigter Wissenstransfer, horizontaler/vertikaler Wissenstransfer, interner/externer Wissenstransfer, u. v. m. (vgl. Lehner 2009: S. 81 f.).

[7] Definition Job Rotation: „Arbeitsplatzwechsel mit den Zielen: Entfaltung und Vertiefung der Fachkenntnisse und Erfahrungen der Mitarbeiter, Vermeiden von Arbeitsmonotonie sowie Förderung des Führungsnachwuchses" (www.wirtschaftslexikon24.net).

Bei allen Wissenstransfer- bzw. Wissenskommunikationsaktivitäten sollte bedacht werden, dass sich die Maßnahmen immer im Regelkreis von Steuerung und Kontrolle bewegen sollten. Sie orientieren sich stets an einer zuvor definierten Zielsetzung, welche wiederum einen Beitrag zu den Organisationszielen leistet und damit einem großen Ganzen dient. Wissensmanagement wird erst effektiv praktiziert, wenn bestimmte Ziele erreicht werden. Diese Bewertung erfolgt durch die Evaluation, indem überprüft wird, ob ein bestimmter Nutzen eingetreten ist oder bestimmte Kriterien erfüllt wurden (vgl. Reinmann-Rothmeier u. a. 2001: S. 20).

2.1.5 Probleme beim Wissenstransfer

Die Wissensteilung basiert auf verbalen und nonverbalen Kommunikationsprozessen, die –wie die Psychologie zeigt- grundsätzlich eine Quelle für Konflikte darstellen kann (vgl. Hasler Roumois 2007: S. 137). In der Literatur werden drei Kernprobleme beschrieben, die mehr oder weniger mit den Eigenschaften des zu transferierenden Wissens zusammenhängen (vgl. Surenbrock 2008: S. 14; vgl. Schäfer 2009: S. 159):

- Die Beteiligten geben ihr Wissen bewusst oder unbewusst nicht preis.
- Die Beteiligten geben aufgrund einer verzerrten Wahrnehmung der Situation mehr Wissen weiter, als sie eigentlich besitzen.
- Das geteilte Wissen wird unterschiedlich wahrgenommen, es wird fehlinterpretiert.

Im Mittelpunkt dieser Arbeit wird das erste Problem, das Zurückhalten des Wissens, stehen. Die Wissensbasis einer Organisation kann erst dann wachsen und nachhaltig wettbewerbsfähig bleiben, wenn ihre Mitglieder an den Wissensbeständen beteiligt sind. Dazu müssen sie bereit sein, Ihr Know-how zu artikulieren und neben kulturellen (z. B. Angst vor Machtverlust) und strukturellen (z. B. Hierarchien) insbesondere motivationale Barrieren zu überwinden. Barrieren können entstehen, indem

- sich die Mitarbeiter über die Bedeutung ihres Wissens aufgrund begrenzter kognitiver Fähigkeiten nicht bewusst sind
- Mitarbeiter aufgrund von Desinteresse und mangels Motivation ihr Wissen für andere nicht zugänglich machen wollen

- sie wegen negativer Erfahrungen in der Vergangenheit nicht bereit sind, ihr Wissen weiter zugeben
- fehlende Anreizsysteme und eine geringe Bedeutsamkeit von Wissensteilaktivitäten die eigene Motivation zur Wissensweitergabe hemmen (vgl. Surenbrock 2008: S. 15).

Es gibt zahlreiche Maßnahmekataloge, die den unterschiedlichen Barrieren entgegenwirken können. Im Detail werden in Kapitel 2.3 unterschiedliche Anreizsysteme vorgestellt, die insbesondere die motivationalen Hemmnisse abbauen und Wissenstransfer begünstigen sollen.

2.2 Bildungseinrichtungen als Expertenorganisationen

Der Begriff Bildungseinrichtung[8] umfasst sämtliche Institutionen, die in irgendeiner Weise Bildung als Kerngeschäft ausüben. Darunter fallen alle Arten von Schulen und Hochschulen aber auch Einrichtungen der Erwachsenenbildung, wie z.B. Volkshochschulen. Im weiteren Sinne können auch Bildungsabteilungen von Unternehmen, also der Fort- und Weiterbildungsbereich, zu den Bildungseinrichtungen gezählt werden. Der Bildungsbereich gehört zu den sogenannten „Drittleister-organisationen" was zum Ausdruck bringt, dass sie nicht den eigenen Organisationsmitgliedern Dienstleitungen anbieten sondern Dritten (vgl. Bauer 2010: S. 42).

Auch wenn die hier genannten Bildungseinrichtungen nicht gewinnorientiert arbeiten, lassen sich einige Managementfunktionen auf diesen Bereich transferieren, ohne dass eine Ökonomisierung von Bildung droht. „Grundsätzlich lässt sich auch bei der Produktion von Bildung weder plausibel etwas gegen Kundenorientierung noch ein betriebswirtschaftlich orientiertes Handeln sagen" (Griese u. a. 2011: S.6).

Bildungseinrichtungen, als eine Sparte von Non-Profit-Organisationen (mehr dazu im nachfolgenden Kapitel), haben eine bürokratische Grundausrichtung („professional bureaucracies") und zählen zu den sogenannten Expertenorganisationen. Das bedeutet, alle wesentlichen Entscheidungsprozesse werden von Experten („professionals") beeinflusst und gestaltet. Expertenorganisationen findet man überall, wo „eine spezifische Wissensbasis (...) für die betrieblichen Kernprozesse von konstituierender

---

[8] Synonym wird auch der Begriff „Bildungsinstitution" verwendet.

Bedeutung ist" (Hanft u. a. 2006: S. 104). Die einzelnen Experten haben im Vergleich zu anderen Anspruchsgruppen wesentlich mehr Macht ihre Interessen durchzusetzen und stehen im Mittelpunkt der Organisation. Sie begreifen sich als autonome Mitglieder, deren Expertise für die Leistungserstellung einen hohen Einfluss hat und sie deshalb Ansehen und eine gewisse Unantastbarkeit genießen lässt. Für Bildungseinrichtungen hat das zur Konsequenz, dass sie ihren Betrieb möglichst „expertenfreundlich" gestalten und „Leistungsmöglichkeit, -willigkeit und -fähigkeit be- und gefördert werden" müssen (ebd. S. 106).

Der Experte selber zeichnet sich durch seine hohe fachliche Expertise aus, die er durch einen langen Qualifizierungsprozess erlangt hat. Das wichtigste Gut, oder betriebswirtschaftlich gesprochen das Kapital von Expertenorganisationen, ist die Ressource Wissen, die sich in den Köpfen der Experten befindet. Bildungseinrichtungen können auch als wissensintensive Betriebe bezeichnet werden, deren Kernprozess auf die Produktion und Vermittlung von Wissen abzielt. Die Beschreibung legt nahe, dass die hohe Abhängigkeit von Experten ein weiteres Merkmal darstellt. Die Leistungserstellung (Generierung oder Weitergabe von Wissen) ist stark abhängig von bestimmten Personen und geprägt von ihren individuellen Kompetenzen und Erfahrungen (ebd. S. 114).

Charakteristisch ist außerdem, dass die Einflussmöglichkeiten der Leitung von Bildungseinrichtungen verhältnismäßig gering sind. Kontrollsysteme, Belohnungs- oder Sanktionierungssysteme gibt es kaum (ebd. S. 105).

Gerade im Zusammenhang mit Wissensmanagement muss berücksichtigt werden, dass gerade das implizite Wissen der Experten von hoher Bedeutung für den Erfolg einer Bildungseinrichtung ist und dass Wissensmanagementaktivitäten die Wissenstransferprozesse zwischen den Experten unbedingt fördern sollten.

2.2.1 Besonderheiten von Non-Profit-Organisationen

Beabsichtigt man die Initiierung von Wissensmanagementaktivitäten gilt es, die Rahmenbedingungen zu analysieren, deren Berücksichtigung und Miteinbeziehung wesentlich zum Erfolg beitragen. Während Wirtschaftsunternehmen vorrangig gewinnorientiert arbeiten, dient Wissensmanagement in diesem Kontext hauptsächlich der Sicherung und Steigerung der Wettbewerbsfähigkeit eines Unternehmens. Non-

Profit-Organisationen (NPO) hingegen können „als wissensbasierte Organisationen definiert werden, welche zwischen den gesellschaftlichen Teilsystemen Wirtschaft, Staat und soziale Bewegung wirken" (Bauer u. a. 2010: S. 44). Bildungseinrichtungen oder NPO im Allgemeinen verfolgen einen (gesetzlichen) sozialen Auftrag, was sich in der grundsätzlichen Ausrichtung und Kultur solcher Organisationstypen wiederspiegelt. Hier geht es vielmehr um eine „Wissensgenerierung als Leistungsauftrag der Öffentlichkeit und Informationsverarbeitung im Interesse der Öffentlichkeit" (Hasler Roumois 2007: S. 59). Da die organisationalen Rahmenbedingungen den Umgang mit Wissen und damit auch die Umsetzung von Wissensmanagementaktivitäten beeinflussen, sollen im Folgenden einige wesentliche Merkmale betrachtet werden.

Non-Profit-Organisationen[9] müssen sich ebenso wie gewinnorientierte Unternehmen auf einem umstrittenen Markt behaupten. Dennoch gibt es eine Reihe von Spezifikationen[10], die sie voneinander unterscheiden[11].

NPO orientieren sich wesentlich an einem (gesetzlichen) sozialen Auftrag. „Das dominierende Sachziel (...) besteht in der Produktion bzw. Bereitstellung gemeinwohlbezogener sozialer, kultureller oder wissenschaftlicher Güter" (Boeßenecker in Schwien 2009: S. 19). NPO sollen weitestgehend kostendeckend arbeiten, damit sie überleben können. Im Vergleich zu Wirtschaftsorganisationen haben sie aber keine Notwendigkeit Erträge zu erzielen. Die Tätigkeitsbereiche von NPO weisen ein breites Spektrum auf und erstrecken sich beispielsweise über das Sozialwesen, das Gesundheitswesen und das hier besonders relevante, Bildungs- und Forschungswesen (eine detaillierte Auflistung der Tätigkeitsbereiche ist dem Anhang, Abb. 13 zu entnehmen). In der Regel befinden sich die Institutionen in privater, kommunaler oder staatlicher Trägerschaft und handeln selbstbestimmt (vgl. Helmig in www.wirtschaftlexikon.gabler.de).

---

[9] Synonym wird auch der Begriff „Nonprofit-Sektor", „Dritter Sektor", „Not-for-Profit-Organisation" oder „Nonbusiness-Organisation" verwendet (vgl. Schwien2009: S. 6; vgl. Helmig bei www.wirtschaftslexikon.gabler.de).
[10] Zu den typischen (hier nicht vollständig dargestellten) Unterscheidungsmerkmalen gehören: Die Organisation der Institution, fehlende staatliche Kontrolle, keine Gewinnorientierung, Selbstbestimmung, keine Zwangsmitgliedschaft (vgl. Rosskopf 2004: S. 60 f.).
[11] Das weite Feld der NPO soll in dieser Arbeit nur gestreift werden. Ausführungen über Management, Finanzierung und Marketing bei NPO weisen viele Unterschiede im Vergleich zu profitorientierten Unternehmen auf. Da sie in diesem Zusammenhang keine zentrale Rolle haben, werden sie vernachlässigt.

Geprägt von dem sozialen und bedarfsorientierten Auftrag wurden wirtschaftlichen Aspekten und dem strategischen Management über viele Jahre nur wenig Beachtung geschenkt, was zu vielen Unternehmenskrisen führte (vgl. Schwien 2009: S. 30). Mittlerweile umfassen NPO ein großes Spektrum an z. B. bildenden Angeboten wie Volkshochschulen, welches zunehmend einen Wirtschaftsfaktor darstellt. Durch politische und gesellschaftliche Entwicklungen ändern sich viele Bedingungen für die Organisationen: Kostenträger stellen Erwartungen, Preiskämpfe entstehen durch Entgeltverhandlungen, Qualifizierungssysteme halten Einzug, die Adressaten entwickeln sich zu Kunden mit spezifischem Bedarf, der Konkurrenzkampf mit Mitbewerbern verschärft sich, usw. Diese vielen, hier nur angedeuteten Veränderungen erfordern ein effektives und effizientes Handeln des Managements. Nur dann können sich NPO auf dem Markt behaupten und zukunftsträchtig agieren (vgl. Schwien 2009: S.1; vgl. Hanft u. a. 2006: S. 106).

Im Branchenvergleich verzeichnet der Nonprofit-Sektor mit 2,5 Mio (vgl. Strachwitz 2007/ Priller u. a. 2006: www.fundraising-wiki.de/s/Dritter_Sektor). Vollzeitbeschäftigen ein deutliches Wachstum. Berücksichtigt man dazu noch die Vielzahl an ehrenamtlichen Mitarbeitern wird deutlich, dass NPO nicht nur die gesellschaftliche Verantwortung wahrnehmen sondern auch ökonomisch an Bedeutung gewonnen haben (vgl. Schwien 2009: S. 6; vgl. Helmig bei www.wirtschaftslexikon.gabler.de). Natürlich hat man durch die Einbeziehung Ehrenamtlicher eine wichtige Ressource, jedoch stellt das Zusammenwirken der beiden Mitarbeitergruppen eine große Herausforderung an das Management dar. Dieser Aspekt ist eine Ursache von mehreren für die starke Heterogenität innerhalb einzelner Organisationseinheiten. Neben einer großen Vielfalt an Mitarbeitern (z. B. Ehrenamtliche und Hauptamtliche) kommen noch unterschiedliche Wertigkeits- und Zielsysteme hinzu. Während gerade auf operativer Ebene eine „soziale und klientenorientierte Fachlichkeit, die stark durch kundenorientierte ethisch-moralische Grundsätze geprägt ist" im Mittelpunkt steht, werden ökonomische Größen stark vernachlässigt (Schwien 2009: S. 28). Auf der Seite des Managements hingegen müssen betriebswirtschaftlich-analytische Instrumente Anwendung finden, was aufgrund der starken Werteorientierung oftmals zu Unverständnis auf Mitarbeiterseite führt. Beispielsweise hat die Implementierung von Kontrollgrößen und

Qualitätssystemen in Einrichtungen Einzug gefunden, steckt vielerorts jedoch noch in den Anfängen, was nicht zuletzt auch mit Akzeptanzproblemen zusammen hängt.

Eine weitere Herausforderung ergibt sich durch den stark differenzierten Kundenbegriff. Während der Kunde im klassischen Sinn ein Produkt oder eine Dienstleistung nach dem Leistungs-Gegenleistungs-Prinzip erwirbt, erfolgt die Inanspruchnahme eines „Produktes" bei NPO nicht unbedingt durch Bezahlung. Hier trifft man auf vier Gruppen von Kunden (vgl. Helmig in www.wirtschaftslexikon.gabler.de; vgl. Hasler Roumois 2007: S. 146): *Direkte Kunden* sind Leistungsempfänger einer Dienstleistung, z.B. Seminarteilnehmer. Zu den *indirekten Kunden* zählen alle Personen oder Organisationen, die an der Leistungserstellung beteiligt sind. *Spender* sind alle Personen oder Organisationen, die die NPO durch monetäre und nichtmonetäre Mittel unterstützen. Als *interne Kunden* werden alle Hauptamtlichen sowie ehrenamtlich und freiwillig Engagierten bezeichnet. Besonders interne Kunden sind im Rahmen des Wissensmanagements relevant, da die sich verändernden gesellschaftlichen Rahmenbedingungen eine stetige Differenzierung von Dienstleistungen mit sich bringen. Um mit dieser Entwicklung Schritt halten zu können, bedarf es einer qualifizierten Mitarbeiterschaft mit hoher fachlicher Expertise. Diese Qualifizierung kann sowohl durch Fort- und Weiterbildung wie auch durch Wissensmanagementaktivitäten unterstützt werden, was den Einsatz für NPO geeigneter Anreizsysteme erfordert.

2.2.2 Formen des Lernens in Bildungsorganisationen

Das Zustandekommen von Wissen lässt sich vereinfacht mit Wilkes Worten zum Ausdruck bringen, nämlich, dass „Lernen der Prozess, Wissen das Ergebnis" ist (Falk 2007: S. 33). Daher sollen im Folgenden einige Ausführungen zum Lernen im institutionalen Kontext dargestellt werden, worunter auch Bildungseinrichtungen subsumiert werden können.

Wissensmanagement kann ohne Lernen nicht stattfinden, da das Lernen selbst als Wissensentwicklungsprozess betrachtet werden kann. Das Lernen findet auf unterschiedlichen Ebenen statt, sowohl mitarbeiterbezogen (*individuelles Lernen*) wie auch organisationsweit *(kollektives Lernen).*

Individuelles Lernen

Betrachtet man das Lernen einzelner Mitarbeiter, spricht man von *individuellem Lernen*. Dieses „bezeichnet die Veränderung des Verhaltens von Personen, die durch Interaktion mit ihrer Umwelt neue Informationen aufnehmen, verarbeiten und in ihre bestehende Wissensbasis integrieren, um somit ihre Handlungsfähigkeit in Bezug auf die Lösung von Problemen zu erhöhen" (Falk 2007: S. 34).

Es wurden unterschiedliche Lerntheorien entwickelt, um diese Veränderungsprozesse zu verstehen. Sie unterscheiden sich in ihrer Herangehensweise und machen in ihrer Vielfalt deutlich, wie komplex Lernprozesse sind. Die herausragenden Theorien sind im Wesentlichen (vgl. Falk 2007: S. 34 ff.; vgl. Hasler Roumois 2007: S. 107 ff.):

Behavioristische Lerntheorien: Lernen wird als ein Reiz-Reaktions-Modell betrachtet, welches nach bestimmten Gesetzmäßigkeiten funktioniert und den Menschen als reagierendes Objekt darstellt. Lernen entsteht, wenn ein bestimmter Reiz (Stimulus) eine bestimmte Reaktion (Response) auslöst. Im Fokus dieser Theorien stehen Input- und Outputvariablen sowie das von außen beobachtbare Verhalten. Versuche mit Verstärkern (Belohnung und Sanktion) zeigten, dass Reize bestimmtes Verhalten auslösen. In den fünfziger Jahren entwickelte Skinner[12] die Methode des „programmierten Lernens", welche auf dem Prinzip beruht, dass der Lerner seinen Lernstoff in kleine Einheiten aufteilt, sie mit einer Lernkontrolle abschließt und zur Belohnung mit der nächsten Einheit beginnen darf. Diese Art des Lernens ist heute z. B. im Bereich des E-Learning[13] zu finden, wo es um die Aneignung von Faktenwissen geht.

Kognitive und soziale Lerntheorien: Hierbei wird der Prozess des Lernens (das Denken als solches) fokussiert, also die Phase zwischen Input und Output. Von Bedeutung sind v. a. Verarbeitungsmechanismen und Integrationsprozesse, die Wissen im Gedächtnis repräsentieren und organisieren und dieses in ein individuelles Erfahrungs- und Denksystem integrieren. Prägend für diesen Ablauf sind Prozesse wie Wahrnehmen, Bewerten, Denken und Ableiten. Das Ergebnis dieser Verarbeitungsprozesse führt zu einer Verhaltensänderung (dem Lernen). Im Kognitivismus wird das Lernen als „Lernen durch Einsicht" verstanden. Mit Einsicht ist „das Erkennen und Verstehen eines Sachverhalts, das Erfassen einer Ordnung, z. B. einer Kausalbeziehung, oder der

---

[12] Der Sprachwissenschaftler und Psychologe B. F. Skinner ist weitläufig der bekannteste Behaviorist.
[13] Darunter fallen alle Formen des elektronisch unterstützten Lernens, bei denen elektronische oder digitale Medien zum Einsatz kommen. Mehr bei Wiater (2007: S. 232).

Bedeutung einer Situation" gemeint (Hasler Roumois 2007: S. 110). Diese Einsicht kann verinnerlicht und auf neue Situationen übertragen werden. Gerade beim individuellen Lernen, bei dem es um Informationsverarbeitung und Problemlösungen geht, finden diese Lernformen Anwendung. Der Mitarbeiter erkennt ein Problem und setzt das mithilfe seines Erfahrungs- und Denkschemas mit den beteiligten Aspekten in Beziehung. Die sozialen Lerntheorien verlagern den Schwerpunkt in das soziale Umfeld, wo Lernen auch durch Beobachtung und Imitation („Lernen am Modell") erfolgen kann und immer an einen sozialen Kontext gebunden ist. Dieser Lerntheorie kommt v. a. beim informellen Lernen eine wichtige Bedeutung zu: Operatives Erfahrungswissen, das implizite Wissen also, kann am ehesten durch Nachahmung oder Beobachtung weiter gegeben werden.

Konstruktivistische Lerntheorien: Lernen wird als ein individueller Konstruktionsprozess verstanden, „bei dem die Lernenden laufend Wirklichkeitsvorstellungen erzeugen, die dann durch Kommunikation verifiziert werden" (ebd. S. 112). Wissen wird demnach nicht als Objekt vermittelt, sondern der Lerner konstruiert es selbst. Es findet eine Konzentration auf den Menschen als Subjekt statt sowie seine Interaktionsprozesse, so dass man im Konstruktivismus von „selbstgesteuertem Lernen" spricht. Unter dieser Lernform versteht man, dass der Lernende der Lernprozess selber gestaltet und darüber bestimmt, was er wann mit welchem Ziel lernt. Das selbstgesteuerte Lernen ist bei Wissensarbeitern von Relevanz, da es gerade im informellen Alltagslernen während der Arbeit stattfindet und vorrangig zur Problemlösung beiträgt.

Kollektives Lernen

Kollektives Lernen, also das Lernen von Gruppen, geschieht in einem sozialen Prozess durch die Interaktion zwischen Gruppenmitgliedern. Indem „Handlungen und Kommunikation wechselseitig zur Verfügung gestellt werden" wird Wissen weitergegeben und kollektiviert, folglich in der Organisation verankert (Falk 2007: S. 35). Dem Dialog kommt dabei eine wichtige Bedeutung zu. Darunter versteht Senge die „Fähigkeit der Teammitglieder, eigene Annahmen ‚aufzudecken' und sich auf ein echtes ‚gemeinsames Denken' einzulassen" (ebd.). Sobald das neue Wissen sich bei der Gruppe gefestigt hat, was sowohl das explizite wie auch das implizite Wissen einschließt, und handlungsleitend wird, findet kollektives Lernen statt. Das kollektive

Lernen hat insofern eine wichtige Bedeutung, weil es mehr ist, als die Summe des individuellen Wissens der Gruppenmitglieder (siehe Kap. 2.1.2).

Beide Lernformen sind für (Bildungs-)Organisationen gleichermaßen wichtig. Durch kollektives Lernen kann das individuelle Wissen institutionalisiert werden. Erst dadurch kann organisationales Lernen stattfinden, welches den Grundstein für die lernende Organisation legt (vgl. Hasler Roumois 2007: S. 107). Viele namhafte Autoren haben beschrieben, wie lernende Organisationen zum Unternehmenserfolg beitragen. Eine Vertiefung dieses Themas würde den Umfang der vorliegenden Arbeit sprengen und findet daher nicht statt. Dennoch soll darauf hingewiesen werden, dass der Benefit lernender Organisationen nach Senge v. a. darin liegt, dass durch „adaptives Lernen", das Anpassen an dynamische Rahmenbedingungen und das Überleben im Wettbewerb möglich wird. Darüber hinaus setzen lernende Organisationen eine Kreativität frei, die ihnen die Möglichkeit gibt, „ihre eigene Zukunft schöpferisch zu gestalten" (Senge 1998 in Falk 2007: S. 39). Wichtig ist, wie bereits angeklungen, das individuelle Lernen einzelner Mitarbeiter sowie kollektives Lernen von Teams zu fördern, da es die Voraussetzung für organisationales Lernen darstellt (ebd.). Eingebettet in diesen Zusammenhang wird deutlich, welche Rolle dem Wissensmanagement zukommt, in dem es um die Steuerung und Gestaltung der betrieblichen Wissensbasis geht.

2.3 Möglichkeiten der betrieblichen Anreizgestaltung

Wenn man sich mit Wissensmanagementkonzepten auseinandersetzt, kommt man nicht umhin, einige Gedanken in das Thema der Anreizgestaltung zu investieren. Der Grund liegt auf der Hand: Wissensmanagement ist nur unter Beteiligung von Menschen möglich. Gerade das Kapitel 2.1.5 (Probleme beim Wissenstransfer) zeigt, welche Schwierigkeiten beim Wissenstransfer bedingt durch motivationale Barrieren auftauchen. Möchte man Wissensmanagement mit Erfolg praktizieren, gilt es, Mitarbeiter zur freiwilligen Mitarbeit zu animieren. Daher liegen Motivation und Anreizgestaltung sehr nah beieinander und es ist wichtig, ein grundlegendes Verständnis für beide Themenbereiche zu erlangen (vgl. Reinmann-Rothmeier u. a. 2001: S. 57).

2.3.1 Rolle der Motivation

Motivation „ergibt sich aus dem Zusammenspiel einer motivierten Person mit einer motivierenden Situation" (Reinmann-Rothmeier u. a. 2001: S. 57). Die Motive oder auch Beweggründe genannt, sind im Menschen verankert und erzeugen zunächst eine Handlungsbereitschaft. In der Arbeitswelt können z. B. Existenzsicherung oder beruflicher Aufstieg starke Motive sein.

Insbesondere die Psychologie beschäftigt sich mit der Motivationsforschung und es gibt unterschiedliche Ansätze zur Erklärung motivationaler Phänomene. Vielfach und sehr idealtypisch werden die intrinsische und extrinsische Motivation[14] unterschieden. Die *intrinsische Motivation* verfügt über Anreize, die in einer Sache oder einer Aufgabe liegen. Das bedeutet, die Aufgabe selber bereitet Freude. Die intrinsische Motivation ist eng mit dem Streben nach Selbstverwirklichung[15] verbunden. Entstehen kann sie erst, „wenn die drei psychischen Grundbedürfnisse nach Autonomie, Kompetenz und sozialer Eingebundenheit" befriedigt werden (Levin/ Pataki in Griese 2011: S. 132). Die *extrinsische Motivation* hingegen entsteht, wenn eine Person von außen durch Belohnung oder Sanktion motiviert wird etwas zu tun, oder andersherum: Die Sache selbst bringt nicht die Befriedigung sondern erst Ihre Folgen (vgl. Reinmann-Rothmeier u. a. 2001: S. 59; vgl. Zaunmüller 2005: S. 53). Die nachfolgende Tabelle fasst die unterschiedlichen Motive zusammen:

Extrinsische Motive	**Intrinsische Motive**
Geld	Kontakt
Sicherheit	Leistung
Geltung	Sinngebung / Selbstverwirklichung

Tabelle 1: Extrinsische und Intrinsische Motive *(Quelle: In Anlehnung an North 2011: S. 158).*

---

[14] Diese Unterscheidung wird den Inhaltstheorien zugeschrieben. Die Inhaltstheorien beschreiben unterschiedliche Ansätze, die das menschliche Handeln steuern und nach denen bestimmte Ziele bzw. Bedürfnisse angestrebt werden (vgl. Zaunmüller 2005: S. 94).

[15] Die Theorie des Strebens nach Selbstverwirklichung ist auf den amerikanischen Psychologen Maslow zurückzuführen, der die „Maslowsche Bedürfnispyramiede" begründete.

2.3.2 Betrieblichen Anreizsysteme

Das Ziel[16] eines Anreizsystems ist, „entweder die Verstärkung oder die Verminderung gewisser Verhaltensweisen oder die Unterstützung der Erreichung der Unternehmensziele" (Zaunmüller 2005: S. 34). Maßnahmen, die zur Zielerreichung von Anreizsystemen eingesetzt werden, bezeichnet man als Anreize (vgl. ebd. S. 35). Anreize sollen an Motive „andocken" und eine Handlungsbereitschaft erzeugen. Somit können Anreizsysteme nur dann wirken, wenn sie an der Motivation von Menschen orientiert sind (vgl. North 2011: S. 159). Konkret bedeutet das, den Mitarbeiten positive Anreize zu bieten, die ihr Wissen bereitwillig ihr Wissen weitergeben und gerne das Know-how anderer nutzen. Hingegen sollen jene Mitarbeiter, die ihr Wissen z.B. aus Angst vor Machtverlust nicht teilen wollen, mit negativen Anreizen sanktioniert werden (vgl. Kilian u. a. 2006: S. 34).

In der Literatur werden im Allgemeinen drei Funktionen von betrieblichen Anreizsystemen beschrieben: Die Koordinationsfunktion (Koordination der Mitarbeiteraktivitäten), die Selektionsfunktion (die richtigen Mitarbeiter für das Unternehmen gewinnen und halten) und, die hier relevante, Motivationsfunktion.

Darüber hinaus werden Anreizsysteme auf drei Ebenen betrachtet: Anreizsysteme im weitesten Sinn, im weiteren Sinn und im engeren Sinn. *Im weitesten Sinn* beziehen sich die Anreizsysteme auf reale innerbetriebliche Strukturen, „da von diesen immer verhaltensbeeinflussende Stimuli ausgehen" (Zaunmüller 2005: S. 35). Anreizsysteme *im weiteren Sinn* sind etwas enger gefasst, hierbei geht es um beabsichtigte Auswirkungen durch eingesetzte Instrumente des Managements. Anreizsysteme *im engeren Sinn* „bezeichnen Anreizpläne, welche sich konkret auf individuelle Mitarbeiter richten" (ebd. S. 36). Diese Anreizsysteme im engeren Sinn sind für den weiteren Verlauf von großer Bedeutung, da die beschriebenen Maßnahmen immer individuell an Mitarbeiter adressiert sind (vgl. North 2011: S. 159).

---

[16] Eine Studie des Fraunhofer Instituts (2001) fand heraus, dass mit betrieblichen Anreizsystemen primär die Erhöhung der Leistungsbereitschaft der Mitarbeiter verfolgt wird, gefolgt von der Identifikation der Mitarbeiter mit dem Betrieb. Erstaunlicherweise ist als letztes Ziel die Wissensbereitstellung und- nutzung genannt worden, was laut Aussage der Studie v.a. auf die Novität des Themas Wissensmanagement zurück zu führen sei (vgl. Bullinger u. a. 2001: S. 28).

2.3.3 Anreizarten

Es gibt unterschiedliche Anreize, die eingesetzt werden können. Die Vielfalt von Anreizen sollte unbedingt berücksichtigt werden, da nicht jeder Mensch auf die gleichen Anreize im gewünschten Sinne anspricht. Manche reagieren stark auf finanzielle Belohnungen z. B. auf Gehaltserhöhungen oder Prämien. Andere fühlen sich durch immaterielle Belohnungen, wie z. B. Aufstiegsmöglichkeiten, motiviert (vgl. Kilian u. a. 2006: S. 35; vgl. Surenbrock 2008: S. 93). Die folgende Grafik gibt einen Überblick über die verschiedenen Anreizarten, die in den anschließenden Ausführungen näher erläutert werden.

Intrinsische Anreize	Extrinsische Anreize		
Selbstverwirklichung Selbständigkeit bieten Anspruchsvolle Aufgaben	Materielle Anreize		Immaterielle Anreize
	Monetär	Nicht-monetär	
	Prämien Gehaltserhöhung Renten	Preise Aufstiegs- möglichkeiten Kompetenzgewinn Bonuspunkte Statussymbole	Auszeichnungen Aufstiegsmöglichkeiten Lob, Anerkennung Kontakte pers. Austausch

Tabelle 2: Übersicht Anreizarten (Quelle: eigene Darstellung in Anlehnung an North 2011: S. 158; Zaunmüller 2005: S. 37 ff.; Kilian u.a. 2006: S. 36 f.).

2.3.3.1 Intrinsische Anreize

Intrinsische Reize haben einen immateriellen Charakter und sind eng mit der Arbeit verbunden. Das bedeutet, die ausgeführten Tätigkeiten bzw. die erzielten Arbeitsergebnisse erzeugen Befriedigung und stellen den Anreiz dar. Insofern ist der intrinsische Reiz z.B. der Wunsch nach Selbstverwirklichung. Intrinsische Anreize entstehen immer von innen (in Bezug auf das Individuum) heraus (vgl. Zaunmüller 2005: S. 37).

Die ausgeführte Arbeit generiert erst dann Motivation, wenn sie als bedeutsam erlebt wird, wenn der Ausführende Verantwortung für die Arbeitsergebnisse trägt und ein Wissen über die Qualität des erzielten Ergebnisses hat. Damit diese Faktoren zutreffen können, muss die Tätigkeit bestimmten Anforderungen entsprechen (vgl. Surenbrock 2008: S. 23):

- sie muss vielfältig sein: Mehrere Fähigkeiten und Fertigkeiten sind gefragt
- sie muss ganzheitlich sein: Gegenteilig zu Fließbandarbeit
- die Aufgabe ist bedeutsam, sie hat einen Zweck und ist sinnvoll
- Autonomie ermöglicht dem Mitarbeiter, selbst das Arbeitsergebnis zu kontrollieren und den Arbeitsprozess in Teilziele zu strukturieren, er hat Entscheidungsspielräume
- Rückmeldung zur Arbeit: der Mitarbeiter bekommt einen Überblick über die Qualität seiner Arbeit und den Fortschritt der Aufgabenerfüllung.

2.3.3.2 Extrinsische Anreize

Mit extrinsischen Anreizen bezeichnet man Belohnungen, die mit der Erreichung bestimmter Ziele oder Arbeitsergebnisse in Verbindung stehen. Diese Anreize können entweder *materiell* oder *immateriell* sein. Letztere bestehen „hauptsächlich aus sozialen und Aufstiegs- und Ausbildungsanreizen" und können in sehr unterschiedlicher Form geboten werden (Zaunmüller 2005: S. 37). Dies können z. B. Auszeichnungen oder Aufstiegsmöglichkeiten sein aber auch informelles Lob und Würdigung können eine starke Wirkung haben. Erwähnenswert sind auch immaterielle Anreize wie Kontakt. Für viele Menschen ist es sehr motivierend, wenn sie in Gruppen arbeiten und sich in sozialen Netzwerken austauschen können. Hierbei kommt Werten wie Vertrauen und persönlicher Austausch eine wichtige Bedeutung zu (vgl. Reinmann-Rothmeier u. a. 2001: S. 61).

Materielle extrinsische Anreize teilen sich wiederum in *monetäre* und *nicht-monetäre* Anreize auf. Von monetären Anreizen spricht man, wenn sich die Belohnung finanziell niederschlägt. Dies kann innerhalb eines Prämiensystems geschehen, indem der Mitarbeiter bestimmte Ziele erreicht hat und infolgedessen eine Prämie zusätzlich zu seinem Gehalt erhält[17]. Möglich ist auch eine Entgelterhöhung, in der das Grundgehalt gesteigert wird (vgl. Kilian u. a. 2006: S. 35). Motivation durch monetäre Anreize ist in ihrer Wirkung sehr umstritten, hierzu gibt es keine eindeutigen Befunde darüber, wie langfristig die Wirkung anhält (vgl. Reinmann-Rothmeier u. a. 2001: S. 60).

---

[17] Diesen Anreiz zählt man zu den „kurzfristigen materiellen Anreizen", der auf motiviertes Handeln wenig Einfluss hat und keinen hohen Stellenwert für Organisationsmitglieder hat (vgl. Reinmann-Rothmeier u. a. 2001: S. 60).

Nicht-monetäre materielle extrinsische Anreize basieren auf sozialer Motivation und sind darauf ausgelegt, das Selbstwertgefühl der Akteure zu stärken. Dazu zählen Status, Karriere und Ansehen. Mögliche Anreize sind (vgl. Kilian u. a. 2006: S. 36; vgl. Schäfer 2009: S. 155):

- Verleihung von Preisen: Mitarbeiter, die besonders viel zum Wissensmanagement beitragen erhalten möglichst öffentlichkeitswirksam einen Preis, z. B. im Rahmen einer Firmenfeier oder in der Firmenzeitung.
- Aufstiegsmöglichkeiten: Mitarbeiter werden bei der Vergabe neuer Posten besonders berücksichtigt.
- Kompetenzgewinn: Mitarbeiter erhalten mehr Verantwortung und Kompetenzen oder anspruchsvollere Aufgaben.
- Bonuspunkte: Bonuspunkte können in Belohnungen, wie zusätzliche Urlaubstage oder Seminare eingetauscht werden.

Ein weiterer nicht monetärer extrinsischer Anreiz ist außerdem der reziproke Wissenstransfer: Wenn Mitarbeiter die Möglichkeit habe einen wertvollen Beitrag zu leisten und anderen Kollegen zu helfen, wird dadurch ihr Selbstwertgefühl gestärkt, was sich auch auf die intrinsische Motivation positiv auswirkt (ebd. S. 155).

2.3.4 Anforderungen an Anreizsysteme

Anreizsysteme verfolgen immer einen bestimmten Zweck und sind an bestimmte Auflagen und Erwartungen geknüpft. In erster Linie werden sie an den Unternehmenszielen ausgerichtet und im Optimalfall fügen sie sich harmonisch in die Gesamtstrategie ein.

Generell kann gesagt werden, dass Anreizsysteme auf den beschriebenen motivationalen Hintergründen (siehe Kap. 2.3.1) basieren. Grundlegend für den Erfolg ist eine beidseitige Akzeptanz durch Führungskräfte und Mitarbeiter. Beide Parteien müssen das System als objektiv und gerecht empfinden. Dabei gibt es bestimmte Anforderungen, die berücksichtigt werden sollten (vgl. Zaunmüller 2005: S. 97 ff.; vgl. Plaschke 2004: www.teialehrbuch.de):

- **Transparenz**: Die Mitarbeiter kennen die Systematik des Anreizsystems und es ist nachvollziehbar, welche Beziehung es zwischen der Mitarbeiterleistung und den Anreizen bzw. dem Belohnungssystem gibt. Die Bewertungskriterien werden offen kommuniziert.
- **Flexibilität**: Ein Anreizsystem muss sich flexibel auf Veränderungen einstellen können, die sich vielfach durch interne (z. B. Mitarbeiterbedürfnisse, Unternehmensziele) und externe Gegebenheiten (z. B. Veränderung der Klientenstruktur) ergeben können.
- **Wirtschaftlichkeit**: Der Mitteleinsatz für das Anreizsystem muss geringer sein als der zu erwartende Gewinn bzw. der Nutzen sollte in einer vertretbaren Relation stehen.
- **Gerechtigkeit**: Geht es um die Verteilung von Ressourcen, muss gewährleistet werden, dass die zu belohnenden Mitarbeiter Leistungen erbringen, die den Leistungen anderer Mitarbeiter entsprechen (distributive Gerechtigkeit). Darüber hinaus muss ebenso „Gerechtigkeit im Prozess der Entscheidungsentwicklung" herrschen (Zaunmüller 2005: S. 100).
- **Individualität**: Das Anreizsystem muss individuell die Leistungsmotive der Mitarbeiter berücksichtigen. Diese müssen zunächst erkannt werden, damit ein adäquates System modelliert und letztendlich gewünschte Verhaltensweisen provoziert werden können. Ein weiterer Aspekt der Individualität zeigt sich darin, dass die Leistung eines jeden Mitarbeiters individuell bewertet wird.
- **Leistungsorientierung**: Anreizsysteme orientieren sich an der Leistung der Mitarbeiter. Die Teilaspekte „Leistungsergebnis", „Leistungsverhalten" und „Leistungsbedingungen" kommen dabei zur Geltung. Das bedeutet, dass nicht nur das Ergebnis entscheidend ist sondern auch berücksichtigt wird, wie sich der Einzelne unter gegebenen Umständen verhalten hat. Für die Bewertung ist es enorm wichtig, dass vorher nachvollziehbare Mess- und Bewertungsgrößen definiert wurden.
- **Motivationswirkung**: Anreizsysteme haben die primäre Aufgabe „gewünschte Verhaltensweisen zu verstärken und ungewünschte Verhaltensweisen zu vermindern" (Zaunmüller 2005: S. 101, siehe auch Kapitel 2.3.2). Die gewünschte

Wirkung hängt stark davon ab, welche Verhaltensweisen und Ziele definiert werden und welche Anreize zu diesem Zweck eingesetzt werden.

- **Einfachheit**: Anreizsysteme sollten leicht verständlich und nachvollziehbar sein und einen geringen administrativen Aufwand mit sich bringen. Komplizierte Systeme leiden oft an mangelnder Akzeptanz und steigern durch einen oft hohen Verwaltungsaufwand die Kosten[18].

---

[18] Weitere, für diese Arbeit zu sehr differenzierte Anforderungen können bei Plaschke 2004 „Personalmanagement" www.teialehrbuch.de entnommen werden.

3 Wissensmanagement und Anreizsysteme in Bildungseinrichtungen

Kapitel drei überträgt die bisherigen theoretischen Grundlagen auf den Kontext von Bildungseinrichtungen. Zunächst wird erläutert, warum Wissensmanagement in Bildungseinrichtungen eine wichtige Rolle spielt, wobei anders als in der Wirtschaft, nicht ökonomische Ziele verfolgt werden sondern vielmehr organisationsinterne Prozesse optimiert werden. Im zweiten Teil des Kapitels erfolgt eine Analyse der Wissensarten und des Umgangs mit Wissen in Bildungseinrichtungen, um hervorzuheben, an welchen Stellen Wissensmanagementinstrumente ansetzen müssen und welche Hürden aufgrund von Kommunikationsstörungen gemeistert werden müssen. Im Anschluss werden Anreizsysteme und Anreizinstrumente dargestellt, deren Einsatz in Bildungseinrichtungen erfolgversprechend scheint, da sie nicht finanziell ausgerichtet sind sondern sehr stark auf die Rahmenbedingungen, wie z. B. Unternehmens- und Führungskultur abzielen.

3.1 Bedeutung des Wissensmanagements für Bildungseinrichtungen

Es liegt auf der Hand, dass Bildungseinrichtungen mit ihrer elementarsten Ressource, dem Wissen, behutsam umgehen müssen. Dessen Weitergabe findet man in Lehrveranstaltungen z. B. im Rahmen von Fortbildungen als Kernprozess. In Unterstützungsprozessen kommt dem Wissenstransfer ebenfalls eine wichtige Rolle zu: Bildungseinrichtungen brauchen eine flexible und „wissende" Mitarbeiterschaft, um auf neue Herausforderungen reagieren zu können, die aus der Dynamik gesellschaftlicher Veränderungsprozesse resultieren. Diese Mitarbeiterschaft muss sich durch Wissenserwerb, -austausch und neue Ideen auf dem Laufenden halten (vgl. Wippermann 2008: S.275). Aus dieser Entwicklung lässt sich schließen, dass Routinetätigkeiten immer mehr an Bedeutung verlieren werden während Spezialisierungen auf dem Vormarsch sind (vgl. Severing 2009: S. 33).

Das „Bildungshaus" von Prof. Müller zeigt anschaulich, welche Faktoren auf Bildungseinrichtungen einwirken. Zentral stehen die Wissensaktivitäten sowohl auf der Ebene der Geschäftsprozesse wie auch der Unterstützungsprozesse, beeinflusst von inneren und äußeren Einwirkungen.

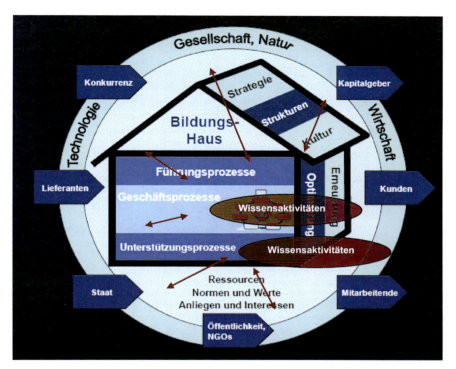

Abbildung 7: Wissensaktivitäten im Bildungshaus *(Quelle: Müller 2007 in Schweizer 2010)*

Mit dem Einzug der Wissensgesellschaft seit den neunziger Jahren hat sich der Umgang mit Wissen enorm verändert. Der Einsatz von Informations- und Kommunikationstechnologien ist nicht mehr weg zu denken. Moderne Technologien begünstigen zudem die Produktion, Speicherung und Verteilung enormer Datenmengen (vgl. Hasler Roumois 2007: S. 15). Des Weiteren wächst der Bedarf nach spezialisiertem Wissen, da die Nachfrage an hochdifferenzierten Dienstleitungen wächst. Selbst der Bildungsmarkt muss sich an veränderte Kundenbedürfnisse anpassen, da der „klassische Lerner" nicht mehr existiert. Durch neue Lernformen, z. B. informelles Lernen oder ein neues Lernverständnis, wie das lebenslange Lernen, müssen neue Bildungsprodukte auf dem Markt positioniert werden.

Die Anpassung an sich verändernde Rahmenbedingungen erfolgt nicht ausschließlich durch die Generierung neuen Wissens. Genauso wichtig ist die Weitergabe von bewährtem Wissen von Mitarbeiter zu Mitarbeiter. Dies kann unkompliziert mit Hilfe von z. B. Handbüchern erfolgen. Wesentlich wichtiger ist aber die Weitergabe von Erfahrungswissen, dem impliziten Wissen, durch den persönlichen Austausch. Damit dieser Schritt gelingen kann, ist es notwendig herauszufinden, welches Wissen bei welchem Mitarbeiter zu finden ist. Erst wenn Wissensquellen identifiziert sind, kann die Wissensweitergabe mittels Wissensmanagementwerkzeugen gesteuert werden (vgl. Severing 2009: S. 31).

Zu der sich verändernden Arbeitswelt trägt auch der demografische Wandel erheblich bei. Die Menschen werden immer älter. Nicht nur der Einzelne, sondern auch der gesamtgesellschaftliche Altersdurchschnitt steigt. Dies hat zur Folge, dass sich die Lebensarbeitszeit verlängert, was Probleme einer Überalterung der Mitarbeiterschaft mit sich bringen wird. Durch den jetzt schon einsetzenden Fachkräftemangel wird diese Entwicklung noch verschärft und eine große Herausforderung (neben einer altersgerechten Personalentwicklung) wird darin bestehen, das implizite Wissen zu sichern, um es organisationsweit nutzbar zu machen oder besser noch: Es in einem „organisationsweiten Wissensnetzwerk zu verankern" (Dehmel 2009: S. 185). Es müssen also Möglichkeiten gefunden werden, das Erfahrungswissen z. B. durch Wissenstransfermaßnahmen generationsübergreifend nutzbar zu machen, vor allem dann, wenn Mitarbeiter ausscheiden, um das wichtige Wissen zu erhalten. Dies kann durch einen „intergenerativen Dialog" gelingen, in dem Mitarbeiter verschiedener Altersgruppen zusammengeführt werden, Erfahrungswissen austauschen und ihre jeweiligen Stärken kombinieren (ebd. S. 186).

Am Beispiel des Münchener Modells kann die Einführung von Wissensmanagementsystemen auch im Bereich der Kompetenzförderung einzelner Mitarbeiter oder Abteilungen genutzt werden, was durchaus sinnvoll erscheint wenn man Wissensträger fördern und die Organisation von dem Wissen einzelner Experten profitieren möchte (vgl. Reinmann-Rothmeier u. a. 2001: S.19). In diesem Falle werden Wissensmanagementinstrumente individuell eingesetzt und im Bereich der Personalentwicklung angesiedelt, was letzten Endes der Kompetenzentwicklung der gesamten Organisation dienlich ist (vgl. Dehmel 2009: S. 189).

3.2 Wissen in Bildungseinrichtungen

Wie bereits beschrieben, ist der strategische Umgang mit Wissen als Produktionsfaktor in der Wirtschaft entstanden. Den Unternehmenserfolg zu sichern und die Innovations- und Konkurrenzfähigkeit zu stärken, gehören zu den Leitzielen. Jüngere Entwicklungen zeigen, dass Wissensmanagement den Weg auch in nicht gewinnorientierte Organisationen gefunden hat und sich zunehmender Aufmerksamkeit erfreut. Es stellt sich die

Frage, ob in Bildungsorganisationen andere Rahmenbedingungen in Hinblick auf den Themenkomplex Wissen gelten und ob es möglicherweise im Umgang mit Wissen andere Aspekte zu berücksichtigen gibt.

Der größte Unterschied zu Wirtschaftsunternehmen ist, dass der Auftrag von Bildungseinrichtungen dem Allgemeinwohl dient (öffentliche Schulen, Volkshochschulen, etc.) und die Wissensproduktion „die Erfüllung des Leistungsauftrags ermöglichen und sicherstellen soll" (Hasler Roumois 2007: S. 57). Das bedeutet, Wissen wird transferiert und generiert und der Öffentlichkeit zur Verfügung gestellt, da sie prinzipiell, z. B. in Schulen, sogar einen Anspruch auf dieses Wissen (Lehre bzw. Lerninhalte) hat. Anders sieht es aus, wenn man die Inhalt spezifischer interner Wissensprodukte betrachtet: Dieses interne Wissen findet sich beispielsweise in Konzepten und Prozessen, die einzelnen Bildungseinrichtungen Wettbewerbsvorteile verschaffen können. Eine große Bedeutung kommt in diesem Zusammenhang dem Kommunikationsfluss zu. Gerade weil Basismitarbeiter im direkten Kontakt mit den Bildungsempfängern stehen, erhalten sie durch die Interaktion Informationen, die zur Generierung neuer Bildungsprodukte notwendig sind. Dieses Wissen gilt es an konzeptionell verantwortliche Mitarbeiter weiterzugeben (vgl. Bauer u. a. 2011: S. 113). In Anbetracht der gesamtgesellschaftlichen Veränderungen wächst die Bedeutung der Ressource Wissen zunehmend für Bildungsanbieter. Triebkräfte, wie der steigende Kostendruck, die zunehmende Differenzierung bei Bildungsempfängern, Qualitätsansprüche und heterogene Anspruchsteller verlangen auch von Bildungseinrichtungen die Anpassung an den Wettbewerb und Produktinnovationen. Es liegt nahe, dass sich die unterschiedlichen Wissensarten (siehe Kapitel 2.1.2) sowohl in Wirtschaftsunternehmen wie auch in NPO finden lassen. Was auch immer zum Leistungsangebot einer Institution gehört, deren Entstehung gelingt besser, wenn Wissen produktiv eingesetzt wird, um unter diesen Voraussetzungen den Erfolg zu sichern (vgl. Roßkopf 2004: S. 26).

Kap. 2.2.1. zeigte, dass man bei Bildungsorganisationen von sog. Expertenorganisationen spricht, die sich durch ein hohes Maß an wissensintensiven Tätigkeiten definieren. Daher stößt man auch immer wieder auf den Begriff „wissensbasierte Organisation" (Bauer u. a. 2011: S. 44) Im Mittelpunkt aller Aktivitäten stehen die Generierung und der Transfer des Wissens, so dass die Experten als Wissensträger einen hohen Stellenwert genießen. Die zentrale Ressource einer Bildungseinrichtung ist das Wissen und

Know-how in den Köpfen ihrer Mitarbeiter, welche den Erfolg der Einrichtung entsprechend determinieren (vgl. Hanft 2006: S. 114; vgl. Bauer u. a. 2011: S. 114). Umso wichtiger ist es, an dieses Wissenskapital heran zu kommen, es sozusagen zu entpersonalisieren, um es organisationsweit nutzbar zu machen. Der Knackpunkt hierbei ist der Faktor Mensch: Er kann nicht gezwungen werden, sein Wissen preis zu geben. Er muss es wollen z. B. indem er einen eigenen Nutzen darin erkennt sein Wissen weiter zu geben. In diesem Zusammenhang kommt der betrieblichen Anreizgestaltung eine wichtige Rolle zu.

3.3 Kommunikationsstörungen und Ursachen für einen defizitären Wissenstransfer

In Kapitel 2.1.5 wurde bereits erläutert, welche Kernprobleme beim Wissenstransfer auftauchen können. Das folgende Kapitel wird sich aus sozialpsychologischer Sicht detaillierter damit auseinandersetzen, warum Mitarbeiter ihr Wissen zurückhalten. Erst wenn eine Analyse der Beweggründe vorgenommen wurde, können Anreizsysteme adäquat eingesetzt werden und ihre Wirkung entfalten.

3.3.1 Symptome von Kommunikationsstörungen

Zunächst kann man sich die Frage stellen, welche Indikatoren Störungen des Kommunikationsflusses innerhalb oder zwischen Arbeitsteams und Abteilungen (im Folgenden „Gruppen" genannt) aufzeigen. Diverse Symptome können darauf hinweisen (vgl. Frey in Mandl, Reinmann-Rothmeier 2000: S. 74 f.; vgl. Reinmann-Rothmeier u. a. 2001: S. 100):

- *Groupthink-Phänomen*: Die Gruppenkommunikation verläuft scheinbar homogen, eine Mehrheitsmeinung wird weder angezweifelt noch kritisiert, Querdenker und Zweifler werden sanktioniert. Durch die fehlende Konfliktkultur werden keine Diskussionen geführt und das Gruppendenken gestärkt.

- *Übersteigertes „Wir-Gefühl"*[19]: An sich ist eine positive soziale Identität für Gruppen von Vorteil. Problematisch wird es jedoch, wenn dieses Wir-Gefühl zu einem „Abteilungsegoismus" und Konkurrenzdenken führt. Der Kommunikati-

---

[19] Dieses Phänomen wir auch „polares Ingroup-Outgroup-Denken" genannt.

onsfluss zwischen den Gruppen ist defizitär, was einen ganzheitlichen Blick auf den Unternehmenskontext erschwert

- *Hidden-profile-Phänomen*: Gruppen sind nicht in der Lage, das Wissen aller Mitglieder transparent zu machen, es zur Verfügung zu stellen und damit den Synergieeffekt zu nutzen. Es wird nur jenes Wissen kommuniziert, über welches ohnehin schon alle verfügen.

- *Streben nach Bestätigung*: Interaktionspartner, die die eigene Position stärken und unterstützen werden bevorzugt. Somit entsteht ein unausgewogener Informationsaustausch.

Auch organisationsweit gibt es Störungen im Kommunikationsfluss, die sowohl von oben nach unten wie auch von unten nach oben beobachtet werden. Dies zeigt sich beispielsweise darin, dass das Management die Probleme der Basis nicht kennt oder andersherum die operativen Mitarbeiter nicht wissen, welche Ziele die Leitung verfolgt. Vielfach finden nur einseitige Informationsvermittlungen statt an Stelle von wechselseitigen (vgl. Frey in Mandl, Reinmann-Rothmeier 2000: S. 76).

3.3.2 Ursachen und Hindernisse für den Wissenstransfer

Ursachen hierfür sind im Menschen selbst wie auch in der Organisationskultur zu finden. Bezug nehmend auf die Frage, warum Menschen ihr Wissen nicht preisgeben möchten liegt der Grund sehr oft in der *Angst vor Machtverlust* (vgl. Lehner 2009: S. 82; vgl. Frey in Mandl, Reinmann-Rothmeier 2000: S. 77; vgl. Specht in Bellinger 2007: S.38; vgl. Reinmann-Rothmeier u. a. 2001: S. 101). Getreu dem Motto „Wissen ist Macht[20]" scheuen Mitarbeiter eine gute Kooperation und Kommunikation mit anderen aus der Furcht heraus, andere könnten sich Vorteile aus dem Informations- und Wissensaustausch verschaffen. Gerade im Kontext von Expertenorganisationen kommt diesem Aspekt eine hohe Bedeutung zu, da Experten bedingt durch ihr Wissen ein hohes Ansehen genießen. Die Wissenschaftler Levin und Cross (2004) weisen darauf hin, dass neben der Angst vor Machtverlust der *Wissenstransfer vor allem zwischen sich nahestehenden Mitarbeitern stattfindet* (vgl. Wodzicki 2011: www.wissensdialoge.de/kolleginnen_fragen). Ihre Studien zeigten, dass Mitarbeiter

---

[20]Der oft zitierte Spruch geht auf den englischen Philosophen Francis Bacon (1561–1626) zurück.

am meisten mit näherstehenden Kollegen Wissen austauschen, weil sie mit ihnen viele Erfahrungen teilen und wissen, wie sie gut zusammenarbeiten können. Daher schätzen sie das Wissen des anderen sehr wahrscheinlich als nützlich ein. Hinzu kommt, dass Mitarbeiter näherstehende Kollegen wohlwollender wahrnehmen und sie eher um Rat fragen bzw. ihre Ratschläge annehmen. Durch die enge Zusammenarbeit entstehen meist ähnliche Denk- und Handlungsmuster was wiederum die Einbeziehung der Wissensressourcen entfernter Mitarbeiter behindert. Genau an dieser Stelle liegt der Knackpunkt: Entfernte Kollegen beschäftigen sich mit anderen Themen und anderen Kollegen, verfügen demzufolge über anderes Wissen. Vorrausetzung für die Wissensweitergabe bzw. -aufnahme ist eine vertrauensvolle Beziehung zwischen den Personen. Da diese bei näherstehenden Mitarbeitern stärker ausgeprägt ist als bei entfernten, liegt nahe, dass hier ein Handlungsbedarf angezeigt ist. Dieser wird insbesondere dadurch legitimiert, dass es um die Weitergabe von implizitem Wissen geht. Ein Mitarbeiter wird sich am Wissen seines Kollegen interessiert zeigen, wenn er ihn als kompetent bewertet und Vertrauen in sein Können legt. Der Wissensträger hingegen muss seinem Kollegen gegenüber wohlwollend auftreten und sensibel mit dem Wissensbedarf umgehen.

Daneben wird ein konstruktives Kommunikationsverhalten nicht gefördert, wenn es *nicht explizit belohnt* wird. Das bedeutet, wenn Kooperation nicht formal, z. B. durch Ziele gefordert wird, findet sie nicht statt. Es besteht ohnehin die Befürchtung, dass eine Gegenleitung für preisgegebenes Wissen ausbleibt, z. B. dass ein Kollege dem anderen Seminarunterlagen überlässt ohne dass dieser im Austausch etwas dafür bekommt.

Eine weitere Ursache für gestörtes Kommunikationsverhalten liegt im *Verhalten von Führungskräften*, die in ihrer Vorbildfunktion ein schlechtes Beispiel geben. Zeichnet sich eine Führungskraft durch einen schwachen und autoritären Führungsstil aus, ist es wahrscheinlicher, dass sie selbst aus Angst vor Rivalität ihr Wissen nur selektiv weitergibt und dadurch ein kommunikationsfreudiges Klima nicht gefördert wird.

Ferner wird defizitäre Kommunikation durch „geheime Spielregeln" verursacht beispielsweise Vorgesetze nicht zu kritisieren, Fehler anderer nicht anzusprechen, Konflikte zu vermeiden, etc. (vgl. Mandl, Reinmann-Rothmeier 2000: S. 78). Das Problem besteht v. a. darin, dass diese „Kooperations- und Kommunikationskiller" zu den Tabuthemen gehören und nicht offen thematisiert sondern geduldet werden. Überhaupt hat die Unternehmenskultur einen maßgeblichen Einfluss auf die Weitergabe von Wissen, was regelmäßig durch Studien belegt wird.

Auch wenn weitläufig, mittlerweile sogar in Bildungseinrichtungen, bekannt ist, dass Wissen eine elementare Bedeutung für den Unternehmenserfolg hat, trifft man doch auf Paradoxien im Umgang mit dieser Ressource (vgl. Augustin in Mandl, Reinmann-Rothmeier 2000: S. 161): Hochqualifizierte Mitarbeiter können (oder dürfen) ihr Wissen nicht anwenden, Best-Practice-Erfahrungen werden nicht weitergegeben, es gibt keinen Überblick über Wissensbefunde, usw. All diese Phänomene können darauf zurück geführt werden, dass ein Informations- und Wissensvorsprung Macht impliziert (edb. S. 163).

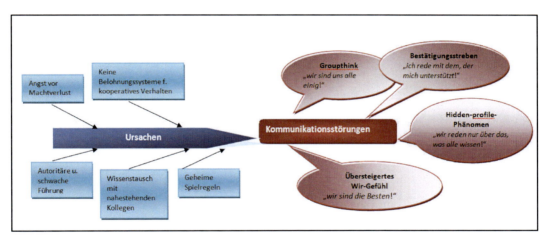

Abbildung 8: Ursachen und Symptome von Kommunikationsstörungen *(eigene Darstellung)*

Auch wenn im Rahmen dieser Arbeit der Fokus auf Gründe gelegt ist, warum Mitarbeiter ihr Wissen für sich behalten, soll noch ein weiterer Aspekt die Ausführungen ergänzen: Wenn man von Wissenstransfer spricht, geht man von der Annahme aus, „dass bei potenziellen Empfängern Ähnliches ausgelöst wird, wie es die Sender gedacht haben, als sie das Format erstellten (Anm. d. V.: das Wissen). Wissen wird quasi wie ein Paket übergeben" (Schneider 2001: S. 54). Die Psychologie weist jedoch darauf hin, dass der Inhalt nicht so einfach „auf andere Köpfe zu kopieren" ist und der Informationsverarbeitung (also die Aufnahme des Wissens) stark von den individuellen kognitiven Strukturen geprägt ist (ebd. S. 52). Die „Übergabe des Pakets", um mit den Worten der Autorin zu sprechen, gelingt nur dann, wenn Sender und Empfänger ähnliche Wissensbasen haben und beide ein ähnliches Verständnis der Rahmenbedingungen haben. Andernfalls sind Missverständnisse vorprogrammiert und das Wissen wird im Transferprozess modifiziert (ebd. S. 54). Beispielsweise kann ein Referent seinem Kollegen weitergeben, wie dieser ein Seminar mit Senioren gestalten kann. Wenn der Kollege bisher nur mit Jugendlichen arbeitete, weiß er nicht automatisch, wie er die Didaktik gestaltet und welche Herausforderungen er bewältigen muss. Daneben muss auch bedacht werden, dass unterschiedliche „Sprach- und Kulturunterschiede die gemeinsame Wissensbasis schmälern und den Wissenstransfer beeinträchtigen können" (ebd. S. 58).

Viele Autoren haben sich mit den Barrieren der Wissensweitergabe beschäftigt. Alle Begründungen aufzuzählen, würde den Rahmen sprengen. Möchte man den Wissenstransfer innerhalb einer Einrichtung fördern, muss man sich vergegenwärtigen, dass es nicht nur einzelne Faktoren sind, die hier wirken. Vielmehr ist es ein ganzer Barrierenkomplex, der seine Wirkung entfaltet. Die Hindernisse lassen sich auf vier Ebenen finden: auf der individuellen Ebene beim Wissenssender und beim Wissensempfänger, im Kontext, also der Organisation und ihrer Kultur sowie im Wissen in seiner Vielfalt (vgl. Meinsen 2002: S. 156; vgl. Lehner 2009: S. 86).

3.4 Geeignete Anreizsysteme in Bildungseinrichtungen

Auf den Sinn und Zweck von Anreizsystemen wurde ausführlich in Kap. 2.3 hingewiesen. Im Wesentlichen sollen Anreize im betrieblichen Kontext eine Verhaltenssteuerung und Motivation von Mitarbeitern bewirken. Es gibt eine Fülle an Literatur, die Anreizsysteme im profitorientierten Unternehmen beschreibt. Ganz anders sieht es aus, wenn man nach Anreizsystemen in NPO oder spezifisch in Bildungseinrichtungen sucht. Für diesen Bereich werden nur marginal Konzepte beschrieben und der Begriff „Anreize" ist hier nicht etabliert. Vielmehr sprechen die Autoren im Rahmen von Personalentwicklungsmaßnahmen von einzelnen Instrumenten, die die Zufriedenheit der Mitarbeiter erhöhen und ihr Potenzial fördern sollen. Vor dem Hintergrund, dass Mitarbeiter in Bildungseinrichtungen durch ihre Leistung bzw. ihr Expertenwissen maßgeblich den Erfolg ihrer Institution beeinflussen, scheint die mangelnde Auseinandersetzung mit Anreizsystemen schon fast paradox. Nichtsdestotrotz sollen im Folgenden Faktoren und Maßnahmen beschrieben werden, die zur Zufriedenheit von Mitarbeitern beitragen und deren Zufriedenheit erhöhen sollen, was sich wiederum auf die Motivation auswirkt. Ein wesentlicher Unterschied zu betrieblichen Anreizsystemen ist, dass die einzelnen Maßnahmen nicht explizit vorher definierten Zielsetzungen zugeschrieben werden können, sondern an den übergeordneten Organisationszielen ausgerichtet werden.

Die Verhaltenssteuerung und Motivation eines Mitarbeiters ist stark von dem Führungsverhalten der verantwortlichen Führungskraft abhängig (vgl. Levin/ Pataki in Griese u. a. 2011: S: 130). Die Führungskraft bietet hierfür durch Instrumente wie das Mitarbeitergespräch oder Zielvereinbarungen den Rahmen. Sie hat die Aufgabe, durch einen partizipativen Führungsstil die Beteiligung ihres Mitarbeiters zu fördern und einen bestimmten Grad an Selbstbestimmung zu ermöglichen, was zuletzt zur Kompetenzsteigerung beitragen soll (vgl. Bauer u. a. 2010: S. 161).

Ein wichtiger Aspekt ist die Förderung der *Arbeitsmotivation*, da die Motivationsforschung einen eindeutigen Zusammenhang zur individuellen Arbeitszufriedenheit und Arbeitsleistung belegt hat. Sucht man nach den Merkmalen, die die Arbeitsmotivation bedingen, bietet das Job-Charakteristics-Modell von Hackman und Oldman (1975) eine plausible Erklärung (siehe auch Kap. 2.3.3.1; vgl. Levin/ Pataki in Griese u. a. 2011 S.131 ff.; vgl. Bauer u.a. 2010: S. 25):

- Anforderungswechsel: Die Arbeit ist geprägt von einer Aufgaben- und Anforderungsvielfalt. Durch vielfältige Maßnahmen lassen sich die Aufgaben gestalten. Mit „Job enrichment" wird dem Mitarbeiter anforderungsreichere Arbeit übertragen; durch „Job enlargement" erhält der Mitarbeiter neue Aufgaben; „Job rotation" ermöglicht durch Arbeitsplatzwechsel neue Sichtweisen innerhalb eines Arbeitssystems.
- Identifikation mit der Aufgabe: Der Mitarbeiter fühlt sich weder über- noch unterfordert, die Aufgabe ist kompatibel mit seinen Fähigkeiten und Interessen.
- Wichtigkeit der Aufgabe: Das Leistungsergebnis ist bedeutsam für den Mitarbeiter.
- Autonomie: Der Mitarbeiter hat einen Gestaltungsspielraum und erhält Verantwortung für sein Tun, z. B. planen und kontrollieren teilautonome Arbeits-

gruppen ihre Arbeit selbstständig. Hierunter kann auch die Gestaltung von Arbeitszeit und -ort fallen (vgl. Bauer u.a. 2010: S. 160).

- Rückmeldung: Der Mitarbeiter bekommt bezogen auf seine Arbeitsergebnisse eine Rückmeldung sowie Anerkennung von der Führungskraft.

Alle genannten Merkmale wirken sich auf die „intrinsische Arbeitsmotivation, Zufriedenheit mit den Entfaltungsmöglichkeiten, die allgemeine Arbeitszufriedenheit und die Qualität der Arbeitsleitung aus" (Levin/ Pataki in Griese u. a. 2011: S. 131). Darüber hinaus sollte auch bedacht werden, dass alle Menschen ein Grundbedürfnis nach sozialer Angebundenheit haben, was sich ebenfalls auf die intrinsische Motivation auswirkt (vgl. ebd. S. 132). Daher ist auf die Gestaltung innerbetrieblicher Interaktionsmöglichkeiten zu achten, die den zwischenmenschlichen Austausch fördern.

3.5 Anreizsysteme und ihre Anforderungen im Wissensmanagement

Mit Anreizsystemen werden hauptsächlich die Erhöhung der Leitungsbereitschaft von Mitarbeitern sowie die Identifikation der Mitarbeiter mit ihrem Unternehmen verfolgt (siehe Anhang Abb. 14). Die einzelnen Maßnahmen werden oft auf der Ebene der Personalentwicklung verankert (vgl. Lehner 2009 S. 41). Anreizsysteme speziell im Wissensmanagement wurden erst in jüngerer Vergangenheit untersucht, so dass die Zahl der Publikationen hierzu rar ist (vgl. Bullinger u. a. 2001: S. 28). Dennoch gibt es einige Veröffentlichungen, die wegweisende Ansätze darstellen und die im Folgenden näher ausgeführt werden.

3.5.1 Anforderungen an Anreizsysteme im Wissensmanagement

In Kap. 2.3.4 wurden allgemeinen Anforderungen an Anreizsysteme beschrieben, die auch für das Wissensmanagement Gültigkeit haben. Die Autorin Zaunmüller beschreibt in ihrer Dissertation Anreizinstrumente, die speziell im Rahmen des Wissensmanagements Erfolge versprechen[21]. Sie nennt zwei weitere Anforderungen, die explizit für Anreizsysteme im Wissensmanagement relevant sind (vgl. Zaunmüller 2005: S. 103 ff.):

---

[21] Die Autorin bezieht sich dezidiert auf den Kontext von KMU, jedoch sind die Anreizinstrumente nicht monetär ausgelegt und daher unproblematisch in Bildungseinrichtungen einzusetzen.

Orientierung an Zielvereinbarungen[22]: Anreize sollen auf Zielvereinbarungen abgestimmt werden, um die Motivation des Mitarbeiters und damit die Umsetzung der Unternehmensziele zu fördern (vorausgesetzt, die Zielvereinbarungen werden aus den Unternehmenszielen abgeleitet). Zielvereinbarungen werden i. d. R. in Mitarbeitergesprächen unter Einbeziehung des Mitarbeiters gemeinsam ausgehandelt. Der Erfolg dieser Maßnahme wird bestimmt durch eine offene und ehrliche Gesprächsatmosphäre und deren Verabschiedung im Konsens. Die Chance der Zielvereinbarungen liegt insbesondere darin, dass „der Mitarbeiter die Möglichkeit hat, seine eigenen Bedürfnisse, Wünsche und Ziele mit den Zielvorstellungen des Vorgesetzten bzw. den Unternehmenszielen abzugleichen" (ebd. S. 104). Auf diese Weise kann die Diskrepanz zwischen den eigenen Motiven und den Unternehmenszielen reduziert werden. In diesem Zusammenhang können die Ziele noch um strategische und operative Wissensziele[23] erweitert werden, die sich auf den Kompetenzzuwachs des Mitarbeiters (z. B. Teilnahme an Qualitätszirkeln, Erstellung von Best-Practice Berichten) oder die Weitergabe seines Wissens (z. B. durch Einarbeitung eines neuen Kollegen) beziehen (vgl. North 2011: S. 159). Durch die Integration von Wissenszielen wird der Mitarbeiter langfristig motiviert, sein Wissen bereit zu stellen (vgl. Surenbrock 2008: S. 95).

Berücksichtigung der Unternehmenskultur: Die Unternehmenskultur hat einen großen Einfluss auf die Willensbildung[24] und Motivation der Mitarbeiter, sie wirkt handlungsleitend (vgl. Zaunmüller 2005: S. 105 f; vgl. Reinmann-Rothmeier u. a. 2001: S. 62). Insofern stellt sie die Basis für Wissensmanagementtätigkeiten dar. Ziel einer Organisation sollte sein, eine wissensorientierte Unternehmenskultur aufzubauen, die „das Bewusstsein der Relevanz der Ressource Wissen für den langfristigen Unternehmenserfolg" fördert (ebd. S. 107). Der Umgang mit Wissen und Wissenstätigkeiten sollen als wichtiger Bestandteil der täglichen Arbeit erkannt werden, was in einer Kultur, geprägt von Offenheit und Vertrauen, gelingen kann. Die Offenheit einer Unternehmenskultur (in Bezug auf Wissensmanagement) zeigt sich darin, dass Mitarbeiter ihr Wissen bereitwillig mit anderen teilen und gerne das Wissen anderer interner wie auch externer Quellen nutzen. Das Vertrauen bezieht sich auf den kooperativen Umgang

---

[22] Dieser Führungsansatz findet sich im „Management by objectives" (vgl. North 2011: S. 159).
[23] „Management by Knowledge objectives" (ebd.).
[24] Synonym liest man auch oft den Begriff „Volition". Abstammend aus der Psychologie meint er in der Managementlehre die Fähigkeit, eigene Absichten in Ergebnisse zu transferieren.

miteinander: Mitarbeiter sehen sich nicht als Konkurrenten, denen durch Weitergabe von Informationen ein Vorteil zukommt. Die Wissensteilung bzw. kooperatives Handeln wird belohnt und impliziert einen bilateralen Nutzen. Auffällig in diesem Zusammenhang ist, dass gerade in hierarchischen Organisationen die Tendenz besteht, Wissen zu hüten (vgl. Schneider 2001: S. 116).

3.5.2 Den Wissenstransfer fördernde Anreizinstrumente

Basierend auf den theoretischen Ausführungen in Kap. 2.3.3, sollen nun die einzelnen Anreizinstrumente betrachtet werden, die den Wissenstransfer positiv beeinflussen. Erwähnenswert ist in diesem Zusammenhang, dass das Fehlen von Anreizinstrumenten sogar dazu führen kann, dass Organisationsmitglieder die Notwendigkeit für die Weitergabe von Wissen nicht erkennen und Wissenstransfer nicht stattfindet (vgl. Schäfer 2009: S. 152 f.).

Für die Anreizgestaltung ist es wichtig zu berücksichtigen, dass Anreize mit den individuellen Motiven von Menschen korrespondieren müssen, um die gewünschte Wirkung zu erzielen. Da sich eine Mitarbeiterschaft durch eine große Vielfalt an Motiven auszeichnet, gibt es keinen generalisierten Anreizkatalog, der bei allen die gleiche Wirkung hinterlässt, jedoch Hinweise auf Maßnahmen, die den Wissenstransfer enorm beeinflussen (vgl. Zaunmüller 2005: S. 115; vgl. North 2011: S. 159). Im Zentrum stehen die immateriellen Anreize Information, Kommunikation/ Feedback, Partizipation und Anerkennung/ Auszeichnung, die im Übrigen deutlich stärker handlungsleitend wirken als materielle Anreize (vgl. Zaunmüller 2005: S. 116). Ohnehin gilt in diesem Zusammenhang, dass bei der Förderung des Wissenstransfers besonders die intrinsischen Motive gefördert werden sollten, um langfristige Lernprozesse zu ermöglichen. Wenn jemand aus eigenem Interesse lernt, dann tut er das aus seinem eigenen Bedürfnis heraus, unterstützt durch für ihn stimmige Rahmenbedingungen (Organisationskultur). Wenn Lernprozesse hingegen durch extrinsische Anreize angeregt werden ist davon auszugehen, dass der Lernprozess stagniert sobald der Anreiz nicht mehr gegeben ist (vgl. Hasler Roumois 2007: S. 191).

Information

Mitarbeiter fühlen sich wertgeschätzt und ernst genommen, wenn sie regelmäßig und rechtzeitig über organisationsrelevante Entwicklungen informiert werden. Eine gute Informationspolitik erhöht außerdem die Identifikation mit der Organisation. Bezogen auf das Wissensmanagement bedeutet dies, dass die Mitarbeiter wissen müssen, welchen Nutzen die Wissensweitergabe hat, welche Ziele mit dem Wissensmanagement verfolgt werden. Dies kann beispielsweise durch Informationsveranstaltungen oder mit Hilfe interner Broschüren geschehen.

Kommunikation/ Feedback

In regelmäßigen Mitarbeitergesprächen sollten unbedingt auch Gespräche über das Handeln des Mitarbeiters und Rückmeldungen zur Wirkung seines Handels gegeben werden. Der Vorgesetzte bewertet solche Aussagen, die wiederum zu Verhaltenskonsequenzen führen. Entscheidend für konstruktive Kommunikations- und Feedbackprozesse ist die Kommunikationskompetenz des Vorgesetzten (vgl. Zaunmüller 2005: S. 117). Führungskräfte sollten gezielt wissensbezogene Fragestellungen einfließen lassen: „Was haben Sie im vergangenen Jahr getan, um Ihre Kompetenz zu steigern?", „Wie haben Sie zur Weiterentwicklung der organisationalen Wissensbasis beigetragen (Mitwirkung bei Netzwerken, usw.)?" (North 2011: S. 160). Die Bewertung sollte immer nachvollziehbar und angemessen sein, so dass der Mitarbeiter die Möglichkeit bekommt daraus zu lernen (vgl. Reinmann-Rothmeier u. a. 2001: S. 62).

Partizipation

Die Beteiligung von Mitarbeitern an Planungs- und Entscheidungsprozessen stellen einen Anreiz mit wichtiger Bedeutung dar. Besonders bei freiwilliger Beteiligung können sich Mitarbeiter besser mit Entscheidungen identifizieren und tragen damit konstruktiv zu Veränderungsprozessen bei. Im Zusammenhang mit Wissensmanagement kann dies durch „partizipative Zielvereinbarungen, Mitarbeiterbefragungen und Mitarbeitergespräche" gelingen (Zaunmüller 2005: S. 118; vgl. Reinmann-Rothmeier u. a. 2001: S. 62; vgl. Surenbrock 2008: S. 95).

Anerkennung/ Auszeichnung

Anerkennung ist im Zusammenhang mit Wissenskommunikation ein wichtiger Anreiz, da er das Mitarbeiterverhalten gezielt beeinflusst. Anerkennung kann durch Auszeichnungen zum Ausdruck gebracht werden (vgl. Hasler Roumois 2007: S. 192). Beispiele sind: Ausweisen von Experten, die ihr Wissen mit Kollegen teilen, Karrieremöglichkeiten, Titelverleihung „Wissens-Mitarbeiter des Monats" (Zaunmüller 2005: S. 119) oder Erwägung von wissensbezogenen Aktivitäten in der Mitarbeiterbeurteilung (vgl. North 2011: S. 160). Es können ebenfalls monetäre Auszeichnungen, z. B. Prämien, ausgezahlt werden, jedoch ist deren langfristige Wirkung umstritten und die Fraunhoferstudie[25] zeigte, dass der Wunsch nach monetären Auszeichnungen eher nachrangig auftaucht (vgl. Bullinger u. a. 2001: S. 42; vgl. Surenbrock 2008: S. 96).

Die von Zaunmüller beschriebenen Anreize finden sich ebenfalls in der genannten Studie wieder, in der gezielt Faktoren für die Bereitstellung von Wissen untersucht wurden. Die nachfolgende Abbildung zeigt, dass die Unternehmenskultur den größten Stellenwert einnimmt, was bei den hohen Einflussmöglichkeiten (s. o.) nicht verwundert. „Schulungen" können mit dem Anreiz „Information" gleichgesetzt werden. Alle monetären Anreize[26] sowie „Aufstiegsmöglichkeiten" können unter „Anerkennung/ Auszeichnung" subsumiert werden (vgl. Zaunmüller 2005: S. 120).

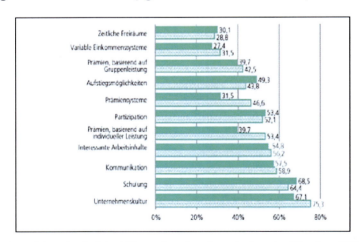

Abbildung 9: Top 10 Anreize bei der Wissensbereitstellung (grün schraffiert) und Wissensnutzung (grün einheitlich) *(Quelle: Bullinger u. a. 2001: S. 54)*

---

[25] Befragt wurden 314 produzierende und nicht-produzierende Unternehmen.
[26] Eine effektive Möglichkeit der prämienbasierten Anreizgestaltung besteht darin, ganze Gruppen anstatt einzelner Mitarbeiter mit Prämien zu belohnen, z. B. bei der Einreichung von Verbesserungsvorschlägen eines Teams wird damit bewusst die Zusammenarbeit gefördert (vgl. North 2011: S. 159). Da finanzielle Anreize in NPO und Bildungseinrichtungen nicht zum üblichen Belohnungsinstrumentarium gehören, wird diesen Ansätzen im Rahmen der Arbeit keine weitere Beachtung geschenkt.

Ein weiterer Anreiz, der nicht vernachlässigt werden sollte, ist die Schaffung von Freiräumen (vgl. Surenbrock 2008: S. 96). Diese können geboten werden durch die zeitweise Freistellung von Routinetätigkeiten für Wissenskommunikationstätigkeiten oder durch das Angebot von Fort- und Weiterbildungsmaßnahmen innerhalb der Arbeitszeit.

Zuletzt sollen noch die Anreizinstrumente „Vorschlagwesen und Ideenwettbewerbe" genannt werden (vgl. Surenbrock 2008: S. 95). Wenn Mitarbeiter dazu motiviert werden, ihre Erfahrungen und Ideen einzureichen, führt das zu einer Explikation wichtiger Inhalte, die zu Gunsten der Organisation genutzt werden können.

4 Erfolgsfaktoren für die Umsetzung von Wissensmanagement

Viele Autoren haben sich damit beschäftigt, Erfolgsfaktoren für ein gelingendes Wissensmanagement zu identifizieren. Das vierte Kapitel gibt einen Überblick über die wesentlichen Faktoren, die unabhängig von der Organisationsform Gültigkeit haben und problemlos in Bildungseinrichtungen berücksichtigt werden können. Allen voran ist die Unternehmenskultur der wichtigste Aspekt, der über Erfolg und Misserfolg entscheidet. Daher werden die unternehmenskulturellen Aspekte etwas differenzierter betrachtet als die anderen Erfolgsfaktoren. Es sollte beachtet werden, dass alle Faktoren ihre Wirkung v. a. durch ihre Interaktion entfalten.

Die erfolgreiche Implementierung von Wissensmanagementaktivitäten setzt mehr als nur die Kenntnis von Theorien und Methoden voraus. Ausschlaggebend sind ebenso das organisatorische Umfeld, die Organisationsmitglieder und deren Wechselbeziehungen. Nach wie vor noch aktuell sind die nach Heisig zitierten Erfolgsfaktoren (Kilian u. a. 2006: S. 13; vgl. Reinmann-Rothmeier u. a. 2001: S. 138; vgl. Treichel in Bellinger u. a. 2007: S. 135[27]):

Faktoren	Ausmaß des Einflusses
Unternehmenskultur	47%
Integration in Strukturen und Prozesse	30%
Informations- und Kommunikationstechnologien	28%
Fähigkeiten und Motivation der Mitarbeiter	28%
Managementunterstützung	27%

Tabelle 3: Erfolgsfaktoren für Wissensmanagement *(eigene Darstellung)*.

Da an unterschiedlichen Stellen bereits die Relevanz der Faktoren „Unternehmenskultur", „IuK", „Fähigkeiten und Motivation der Mitarbeiter" erläutert wurde, sollen in diesem Kapitel bereits genannte Aspekte durch neue Faktoren ergänzt dargestellt werden.

---

[27] Je nach Quelle variieren die Prozentzahlen um bis zu 9 Prozentpunkte.

4.1 Unternehmenskultur

Die Bedeutung der Unternehmenskultur wurde in Zusammenhang mit Anreizsystemen in Kap. 3.5.1 dargestellt. Es kann noch hinzugefügt werden, dass kulturelle Veränderungen immer Zeit brauchen, die man dem Prozess eingestehen sollte (vgl. Reinmann-Rothmeier u. a. 2001: S. 139). Darüber hinaus muss bedacht werden, dass Veränderungsprozesse („Change Management") nicht automatisch enthusiastisch begrüßt werden sondern oftmals Widerstand hervorrufen. In diesem Zusammenhang wird die Wichtigkeit der Unternehmenskultur deutlich: Sie gibt den dort Handelnden den Rahmen für ihre tägliche Arbeit, sie bestimmt die Werte und Normen und bietet Orientierung (vgl. Focali in Griese u. a. 2011: S. 42). Überhaupt sind Werte wichtig, wichtiger sogar als formale Strukturen, da sie die Zusammenarbeit untereinander und den Umgang miteinander prägen. Sie verkörpern das implizite Wissen (vgl. North 2011: S. 278). Daher müssen Wissensmanagement-Projekte immer in Abstimmung mit den kulturellen Gegebenheiten geplant werden und „langfristig mit dem Ziel einer neuen Lern- und Wissenskultur verbunden werden" (Reinmann-Rothmeier u. a. 2001: S. 139). Erwähnenswert sind hier einige Kulturfaktoren, die zu einer offenen und „wissensfreundlichen" Unternehmenskultur beitragen (vgl. Specht in Bellinger u. a. 2007: S. 36 f.):

- Kommunikationskultur: Gerade für die Übertragung von implizitem Wissen ist die persönliche Begegnung wertvoll. Das Management kann dazu beitragen, indem z. B. schlanke Strukturen und Transparenz vorgehalten und Kollegialität (z. B. durch abteilungsübergreifende Workshops) gefördert werden.
- Fehler- und Feedbackkultur: Mitarbeiter geben ihr Wissen erst dann weiter, wenn ein „Klima der Angstfreiheit" herrscht, da Angst lernbehindernd wirkt (ebd. S. 36; vgl. Schäfer 2009: S. 154). Dies zeigt sich am Sprechen über Fehler in allen Hierarchieebenen, die gegenseitige Wertschätzung und Anerkennung durch Lob.
- Führungskultur: Wenn Führungskräfte Hilfsbereitschaft vorleben ist die Wahrscheinlichkeit groß, dass Mitarbeiter dieses Verhalten übernehmen. Hilfreich ist die Vernetzung der Mitarbeiter untereinander aber auch über die Organisationsgrenzen hinaus. So wissen alle, an welcher Stelle Unterstützung einzufordern ist.

- Erfolgskultur: Durch „Betonung des gemeinsamen Erfolges, durch eine Haltung des gegenseitigen Erfolgreichmachens, durch permanentes Lob" wird einer Wettbewerbskultur entgegengewirkt (vgl. Specht in Bullinger u. a. 2007: S. 37). Auf diese Weise lernen Mitarbeiter leichter und sind eher motiviert, ihre Erfolge mitzuteilen im Sinne von Best-Practice.

4.2 Strukturen und Prozesse

Wissensaktivitäten sollten immer mit den Geschäftsprozessen innerhalb der Strukturen korrespondieren bzw. in diese eingebunden[28] werden (vgl. Reinmann-Rothmeier u. a. 2001: S. 142; vgl. North 2011: S. 272). Die Akzeptanz von Wissenstätigkeiten wird größer, wenn deutlich wird, welchen Nutzen sie für die einzelnen Prozesse bringen. Voraussetzung dafür ist, dass ein Optimierungsbedarf gesehen wird. Wichtig ist, dass offen formulierte Ziele transparent machen, welchen Beitrag das Wissensmanagement leistet, was wiederum den ökonomischen Aufwand rechtfertigt.

In diesem Rahmen sollte berücksichtigt werden, dass ein gelingender Wissenstransfer ebenfalls die Erreichung übergeordneter strategischer Ziele unterstützt. Die amerikanischen Unternehmensberater Traecy und Wiersema formulierten drei strategische Ziele, die primär auf den wirtschaftlichen Unternehmenskontext Anwendung finden: „Produktführerschaft", „Customer Intimacy" (Kundennähe bzw. Kunde als Partner) und „Produktivität und Qualität" (North 2011: S. 267). Bedenkt man, dass sich Bildungseinrichtungen mittlerweile auf einem umstrittenen Markt positionieren und behaupten müssen, können diese strategischen Ziele problemlos übertragen werden. Zwar arbeiten die wenigsten Bildungseinrichtungen gewinnmaximierend aber dennoch kann auch die Wettbewerbsfähigkeit nur bei einer strategischen Ausrichtung erhalten bleiben. Produktführerschaft wird erreicht, indem in Innovationen investiert wird und neue Geschäftsfelder erschlossen werden. Bildungsorganisationen können dies erreichen, indem sie z. B. Studiengänge anbieten, die durch eine neuartige Didaktik den Bedarf von Interessenten decken. Da „Innovationen einer der wesentlichen Wachstumstreiber in der Bildungsbranche" sind, kommt der Produktführerschaft eine entsprechende Bedeutung zu (Bernecker in Gessler 2009: S. 204). Wissensmanage-

---

[28] North schlägt in diesem Zusammenhang den Begriff „Total Knowledge Management" vor in Anlehnung an das Total Quality Management (TQM), um die Bedeutung des Wissensmanagements hervorzuheben (North 2011: S. 272).

ment unterstützt durch Wissenskommunikation und -teilung die Generierung neuen Wissens, welches die Entwicklung neuer Bildungsprodukte begünstigt. „Customer Intimacy" bedeutet, die Wünsche und Bedürfnisse von potenziellen Kunden zu kennen, diese individuell zu betreuen und gezielt Wissen über den Kunden aufzubauen. Mit diesem Wissen können passgenaue Produkte entwickelt und angeboten werden.

Auch Bildungseinrichtungen profitieren von „Customer Intimacy" und der Grund ist offensichtlich: Der Bildungskunde, z. B. ein Lehrgangsteilnehmer an der Volkshochschule, wird eher einen zweiten Kurs buchen, wenn der erste Kurs seinen Interessen entsprochen hat und er sich als Kunde wohl gefühlt hat. Wenn seine Rückmeldungen (z. B. durch Teilnehmerzufriedenheitsbefragungen) berücksichtigt werden und in die Entwicklung eines neuen Seminars einfließen, ist die Wahrscheinlichkeit hoch, dass er von weiteren Kursangeboten angesprochen wird und sich aufgeschlossen zeigt. Besondere Beachtung gebührt der „Customer Intimacy" aus der Sicht des Bildungsmarketings, da der Kunde als externer Faktor einen wesentlichen Teil zur (Bildungs-)Leistungserstellung beiträgt. Daher sollte sich der Bildungsanbieter, „um die Leistungsqualität zu sichern und die Kundenzufriedenheit positiv zu beeinflussen, wesentlich bessere Kenntnisse über den Kunden (…) aneignen, als dies ein Sachleistungshersteller für notwendig hält" (Bernecker in Gessler 2009: S. 188).

Das dritte übergeordnete strategische Ziel „Produktivität und Qualität" beinhaltet, „durch intelligente Prozesse schnell zu lernen, den gleichen Fehler nicht zweimal zu machen, Doppelarbeit zu vermeiden und Best-Practices effizient zu transferieren" (North 2011: S. 269). Diesen Anspruch teilen auch Bildungseinrichtungen. Hier ist es ebenso wie in der Wirtschaft wichtig, vorhandene Ressourcen zu nutzen, was durch laufende Prozessoptimierung möglich ist. Gerade die steigende Bedeutung von Professionalität und Qualität führen dazu, dass Qualitätsmanagementsysteme wie DIN EN ISO 9000 ff. oder EFQM[29] Einzug im Bildungssektor halten (vgl. Steig in Gessler 2009: S. 222 ff.).

---

[29] European Foundation for Quality Management.

4.3 Informations- und Kommunikationstechnologien

Informations- und Kommunikationstechnologien (IuK) sind aus dem Arbeitsalltag nicht mehr weg zu denken. Sie tragen zum Gelingen von Wissensmanagement bei, wenn sie als unterstützende Ressource eingesetzt werden (vgl. Reinmann-Rothmeier u. a. 2001: S. 143). Besondere Relevanz kommt den Medien in größeren oder dezentralen Organisationen zu, aber auch neue Lernformen (z. B. Blended Learning[30]) basieren darauf. Damit einhergehend muss auf Mitarbeiterseite ein Mindestmaß an Kommunikations- und Medienkompetenz vorgehalten werden, um IuK adäquat einsetzen zu können.

4.4 Motivation und Fähigkeiten der Mitarbeiter

Die Umsetzung von Wissensmanagement hängt maßgeblich von der Motivation und den Fähigkeiten der Mitarbeiter ab (vgl. Reinmann-Rothmeier u. a. 2001: S. 140). Auf Ersteres wurde in Kap. 2.3.1 ausführlich hingewiesen, auch auf die Verknüpfung von Motivation und Anreizsystemen. Neben dem Wollen ist auch das Können bedeutsam, was auf die Kompetenzen der Einzelnen zurückzuführen ist. Mitarbeiter müssen erkennen können, welchen Beitrag sie durch ihre Kompetenz zum Wissensmanagement beitragen können. Sollten wichtige Fähigkeiten fehlen, muss im Rahmen von Personalentwicklungsmaßnahmen geprüft werden, wie Defizite kompensiert werden können (z. B. durch Weiterbildung oder learning on the job).

4.5 Unterstützung des Managements

Wissensmanagement kann nur erfolgreich gelingen, wenn das Management dahinter steht und mit gutem Beispiel voran geht, indem es wertschätzend und kooperativ mit Wissen umgeht (vgl. Reinmann-Rothmeier u. a. 2001: S. 141). Dazu gehört auch, dass finanzielle (z. B. für moderne Technologien) und personelle Ressourcen (Implementierung mittels Projektmanagement) zur Verfügung gestellt werden und dem Wissensmanagement an sich eine wichtige Bedeutung zugemessen wird (vgl. North 2011: S. 269). Dies kann durch die Verankerung im Leitbild geschehen und durch die Benennung dessen als Unternehmensziel unterstützt werden.

---

[30] Darunter ist die Einbeziehung von internetgestützten Lerneinheiten zu verstehen.

5 Maßnahmen zur Förderung des Wissenstransfers in Bildungseinrichtungen

Das Münchener Modell des Wissensmanagements zeigt vier Kernbereiche, an denen Wissensmanagementaktivitäten ansetzen können. Dieses Kapitel stellt konkrete Maßnahmen vor, die die Wissenskommunikation unterstützen und die den Wissenstransfer begünstigen. Die Besonderheit des impliziten Wissens wurde in Kap. 2.1.2 hervorgehoben. Dieses kann im Gegensatz zum expliziten Wissen nicht bequem von Mitarbeiter zu Mitarbeiter weitergegeben werden kann, z. B. in Form eines Handbuchs oder einer Dokumentation. Dem impliziten Wissen, oft auch als „erfolgskritisches Wissen" bezeichnet, kommt eine besondere Bedeutung zu, daher wurden bewusst Methoden ausgesucht, die diese Wissensform transferieren können und in Anbetracht der Forschungsergebnisse von Levin und Cross die Kooperation und Kommunikation unterstützen. Es gibt eine große Anzahl an Instrumenten, die die Wissenskommunikation fördern. Exemplarisch werden hier die sehr verbreiteten und wissenschaftlich fundierten „Communities of Practice" und die Ansätze des „Narrativen Wissensmanagement" dargestellt[31]. Darüber hinaus soll noch der sich demografisch bedingt verändernden Arbeitswelt Rechnung getragen werden, indem zwei Formen des generationsübergreifenden Arbeitens, Tandem und Mentoring, dargestellt werden.

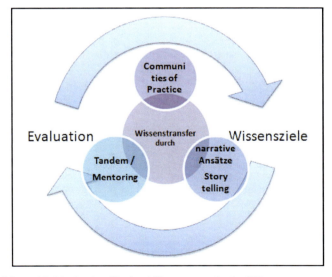

Abbildung 10: Methoden für den Wissenstransfer im Wissensmanagement
(Quelle: eigene Darstellung).

---

[31] Noch mehr Instrumente finden sich beispielsweise bei Kilian u.a. 2006: S. 59 - 228.

Bei allen vorgestellten Instrumenten ist zu berücksichtigen, dass sie stets in die Zielsetzung der Organisation eingebunden werden müssen. Im Sinne des Münchener Modells bedeutet das, es werden *spezifische Wissensziele* für den Wissenstransfer und die jeweiligen Instrumente definiert, z. B. Die Übertragung von Erfahrungswissen auf jüngere Mitarbeiter, Einarbeitung neuer Mitarbeiter, usw. Während der Maßnahme, z. B. Community of Practice, wird fortlaufend geprüft (im Münchener Modell entspricht das der *Evaluation*) ob die Wissensziele erreicht werden und die Ergebnisse den Erwartungen der Organisation entsprechen.

5.1 Erfolgskonzept: Community of Practice

Das Konzept der Communities of Practice[32] (CoP) wurde schon lange vor den beschriebenen Wissensmanagementmodellen entwickelt und findet in der Praxis vielfach Anwendung.

CoP lassen sich deutlich von anderen institutionalisierten Gruppen, wie Projektgruppen abgrenzen, die ein bestimmtes Ziel verfolgen oder Arbeitsgruppen, die ein bestimmtes Arbeitsergebnis liefern sollen (vgl. Bullinger 2006: Folie 16; vgl. Schäfer 2009: S. 134).

Der große Nutzen von CoP ist, dass sie in der Lage sind, durch Interaktionsprozesse das implizite Wissen auf ihre Mitglieder zu übertragen und damit die Dichotomie des Wissens zu überwinden. Bezug nehmend auf das Lernen in Organisationen (vgl. Kap. 2.2.2) schließen CoP an die Theorie des sozialen Lernens an, die den Wissenstransfer „nicht als individuelles Lernen, sondern als die aktive Teilnahme an gemeinsamen Aktivitäten" sieht (Schäfer 2009: S. 134).

Nach North (2011: S. 163) werden CoP wie folgt definiert:

> „Wir definieren Wissensgemeinschaften als über einen längeren Zeitraum bestehende Personengruppe, die Interesse an einem gemeinsamen Thema haben und Wissen gemeinsam aufbauen und austauschen wollen. Die Teilnahme ist freiwillig und persönlich."

Die Merkmale einer CoP sind, dass sie als informelle selbstorganisierte Expertengruppen bezeichnet werden können, die sich „entweder in der Zusammenarbeit am

---

[32] Synonym wird auch der Begriff „Wissensgemeinschaft" verwendet (vgl. North 2011: S. 163).

Arbeitsplatz oder selbstorganisiert um einen spezifischen Wissensbereich[33] herum zusammenfinden" (Dörhöfer 2010: S. 71). Dabei steht nicht die Erreichung eines definierten Ziels im Mittelpunkt, sondern vielmehr der Erfahrungsaustausch, die Entwicklung neuer Ideen und die gegenseitige Unterstützung und Hilfestellung (vgl. Schäfer 2009: S. 135).

CoP beinhalten drei Dimensionen, die sich wechselseitig beeinflussen und fließend ineinander übergehen und auch als Merkmale verstanden werden können (vgl. Dörhöfer 2010: S. 73 f.; vgl. Schäfer 2009: S. 137; vgl. Hasler Roumois 2007: S. 199):

- *Wechselseitiges Engagement*: Durch gemeinsame Praktiken und ein gemeinsames Werte- und Normensystem verfestigen sich die gemeinsamen Beziehungen der Community- Mitglieder und es bildet sich eine Gemeinschaft.
- *gemeinsames Vorhaben*: Resultierend aus einem Aushandlungsprozess haben alle Community- Mitglieder ein gemeinsames Interesse an dem sie arbeiten. Gleichwohl dieses institutionell vorgegeben ist, hat das Management kaum Kontrolle über die Steuerung und das Ergebnis der CoP. Hierbei steht jedoch der Erfahrungsaustausch im Vordergrund und nicht die Zielerreichung. Dieser Aspekt beeinflusst unmittelbar die Motivation der Mitglieder.
- *geteiltes Repertoire*: Die Mitglieder greifen auf ein Repertoire aus Ressourcen zurück, welches aus „Routinen, Gesten, Symbolen, Genres, Handlungen und Konzepten" besteht (Dörhöher 2010: S. 74). Dieses Repertoire, welches in einer gemeinsamen Ideologie mündet, basiert auf einer gemeinsamen Wissensbasis und ermöglicht das gemeinsame Verständnis (vgl. Schäfer 2009: S. 135 ff.).

Agieren Personen in allen drei Dimensionen haben sie die Möglichkeit, an der Praxis Anderer zu partizipieren. Auf diese Weise steigt die Chance, vor allem das implizite Erfahrungswissen zu erwerben und eigenes Wissen weiterzugeben. Durch das geteilte Repertoire wird der Wissensaustausch zunehmend einfacher (vgl. Dörhöfer 2010: S. 78 .).

---

[33] „Wissensbereich" bezieht sich auf bestimmte Prozesse, Methoden oder Themen in einer Organisation.

5.1.1 Chancen von CoP

CoP haben (im Rahmen des Münchener Modells) neben der Wissenskommunikation auch auf die Wissensnutzung und –Generierung eine positive Wirkung. Aufgrund der Vielfalt an Möglichkeiten, die sich durch CoP ergeben, sollen daher mehr als nur die Chancen für den Wissenstransfer dargestellt werden (vgl. North 2011: S. 163 f.).

CoP sind sehr hilfreich für den Erhalt von implizitem Wissen, da sich das schwer zugängliche und kaum verbalisierbare Wissen kaum greifen lässt. Da die Existenz von CoP über einen längeren Zeitraum vorgesehen ist, können viele Mitarbeiter von dem Wissensbestand profitieren. Gerade wenn es darum geht, z. B. neue Mitarbeiter einzulernen („Novizen lernen von Experten") oder Erfahrungen weiterzugeben, sind CoP ein geeignetes Instrument (vgl. Winkler in Wiater 2007: S. 244).

CoP sind flexibler und dynamischer als scherfällige Organisationseinheiten. Sie haben daher die Möglichkeit, sich besser an veränderte Rahmenbedingungen anzupassen, schneller neue Kompetenzen zu entwickeln und damit in erster Reihe bei neuen Entwicklungen mitzuwirken. Dies wirkt sich positiv und identitätsstiftend auf die Community-Mitglieder aus, was wiederum Effekte auf ihre Motivation hat. Daneben erleben die Mitglieder Anerkennung durch die Wertschätzung ihrer Expertise, zumal davon auch der Erfolg der Organisation beeinflusst wird. Da CoP abteilungs- und standortübergreifend existieren können, kann ein weitläufiger Wissenstransfer stattfinden (vgl. Wiater 2007: S. 245).

Gerade der identitätsstiftende und –bildende Aspekt ist für Mitarbeiter in Zeiten vieler Veränderungen gewinnbringend: Während viele häufig ihre Zuständigkeiten aufgrund von Projekten, internen Veränderungsprozessen, neuen Geschäftsfeldern, etc. wechseln, bietet die CoP eine „längerfristige fachliche Identität für ihre Mitglieder" (North 2011: S. 164; vgl. Reinmann-Rothmeier u. a. 2001: S. 25).

Bezugnehmend auf das Lernen in Organisationen (vgl. Kap. 2.2.) bergen CoP außerdem Chancen hinsichtlich des sozialen Lernens in sich. Durch die Zusammenkunft mehrerer Mitarbeiter entsteht ein Gruppenprozess, der unbewusstes Lernen ermöglicht und oftmals effektiver als eine Weiterbildungsmaßnahme ist (vgl. North 2011: S. 164). Beispielsweise kann ein Mitarbeiter eine Fortbildung über kundenfreundliche Gesprächsführung besuchen. Sehr viel nützlicher wird es wahrscheinlich sein, wenn er Kollegen im Alltag begleitet und im Anschluss die Erfahrungen und Erkenntnisse in einer Gruppe reflektiert. Darüber hinaus fördern CoP die intrinsische Motivation ihrer Mitglieder in Bezug auf die Weiterbildung Einzelner und den Austausch mit Kollegen. Es wird der Wunsch gefördert, das eigene Wissen möglichst aktuell zu halten, sich als Experte zu etablieren und damit die eigenen Karrierechancen zu erhöhen (vgl. Schäfer 2009: S. 135; vgl. Hasler Roumois 2007: S. 197).

Ferner bieten CoP eine gute Chance für das generationsübergreifende Arbeiten, um das Wissen berufserfahrener Mitarbeiter zu sichern. Diese Maßnahme ermöglicht den altersübergreifenden Wissenstransfer, wenn gemischte Gruppen bestehend aus jungen, älteren, berufserfahrenen und neuen Mitarbeitern im Austausch sind. Somit werden wertvolle organisationsbezogene Kenntnisse bewahrt (vgl. Schäper u. a. in Dehmel u. a. 2009: S. 192).

5.1.2 Rahmenbedingungen für CoP

Das Funktionieren von Communities kann nicht als selbstverständlich hingenommen werden. Sie agieren in einem institutionellen Kontext, eingebettet in eine bestimmte Kultur und Werte, von denen sie nicht losgelöst werden oder autonom bestehen können. Daher brauchen Communities bestimmte Rahmenbedingungen, um sich entfalten und wirken zu können (vgl. North 2011: S. 165 f; vgl. Schäfer 2009: S. 135).

Eine CoP speist sich aus den Mitgliedern einer Organisation. In diesem Zusammenhang ist eine kooperative Unternehmenskultur, die den abteilungsübergreifenden Austausch fördert, enorm wichtig. Werte wie Offenheit und Vertrauen sollten nicht nur schriftlich festgehalten sondern auch gelebt werden (vgl. Kap. 3.5.1 und Kap. 4.1).

CoP können nicht durch eine Verordnung von oben entstehen sondern sie brauchen Mitglieder, die freiwillig das Interesse an einem bestimmten Thema teilen. Daher kann die Teilnahme an CoP durch Anreize (vgl. Kap. 3.5.2) gefördert werden, wobei schon allein die Einbeziehung in eine Gruppe als Anreiz angesehen werden kann. Es gibt unterschiedliche Einflussmöglichkeiten, die das Funktionieren von CoP wahrscheinlicher machen. Um diese zu identifizieren, ist das Unterteilen der CoP in drei Elemente sinnvoll: „Domain", „Community" und „Practice" (vgl. Schäfer 2009: S. 136 f.). Die *Domain* (Domäne) bildet die Grundlage für das gemeinsame Wirken der Community-Mitglieder und stellt den Kontext dar. Die besprochenen Themen und ihr gemeinsames Verständnis bilden den Nährboden für das Engagement der Mitglieder. Eine *Communi-*

ty (soziale Gemeinschaft) kann sich entwickeln, wenn die Teilnehmer freiwillig über längere Zeit hinweg interagieren und sich dadurch Beziehungen entwickeln. Gerade vertrauens- und respektvolle Beziehungen sind der Grundstein für das gemeinsame und identitätsstiftende Erleben. Das Zusammenkommen muss dabei nicht zwangsläufig in personaler Gestalt erfolgen sondern kann auch in virtueller Form (z. B. in Foren, Blogs, Groupware) stattfinden (vgl. Hasler Roumois 2007: S. 200). Die *Practice* (gelebte Praxis) bezeichnet die gemeinsame Wissensbasis, welche ein effizientes Zusammenarbeiten innerhalb der Domäne ermöglicht.

5.1.3 Dilemma der Communities of Practice

CoP werden vielfach als das Allround-Instrument im Rahmen des Wissensmanagements angepriesen, da sie nicht nur die Wissenskommunikation sondern auch die Wissensgenerierung fördern. Dabei befinden sich gerade CoP in einem Spannungsverhältnis zwischen der „Top-down-Anordnung und dem Bottom-up-Gedeihen" (Schneider 2001: S. 78). Der Sinn und Zweck des Wissensmanagement ist, steuernd und optimierend in die Wissensteilung einzugreifen, um sie für Organisationszwecke zu nutzen. In Folge werden CoP bewusst initiiert, um den Wissenstransfer anzuregen. Problematisch wird dieser Eingriff dann, wenn die Triebfedern der CoP, nämlich „Spaß, Zweckfreiheit und Freiwilligkeit" keinen Raum bekommen, die Spontanität verloren geht und Mitarbeiter verpflichtet werden und daneben nicht weisungsfrei arbeiten (Hasler Roumois 2007: S. 201). In diesem Fall gleichen die CoP formellen und bewusst eingesetzten Arbeitsgruppen, die nicht mehr auf die Kernqualität einer CoP zugreifen können (vgl. Schneider 2001: S. 79).

5.2 Der narrative Ansatz für die Wissenskommunikation

Während CoP eine Form darstellen, implizites und explizites Wissen weiterzugeben gibt es noch eine weitere Möglichkeit, insbesondere das Erfahrungswissen[34] [35] von Mitarbeitern zu kommunizieren. Es handelt sich um den „Narrativen Ansatz" im Wissensmanagement. Das Erzählen von Geschichten scheint insbesondere für soziokulturelle Organisationen, wozu auch Bildungsorganisationen gezählt werden, eine geeignete Methode zu sein, Erfahrungen zu bewahren und weiterzugeben (vgl. Porschen/ Böhle in Reinmann 2005: S. 52). Bevor eine Vertiefung dieser Methode erfolgt, sollen noch einige Hintergründe zum Erfahrungswissen dargestellt werden.

5.2.1 Hintergründe zum Erfahrungswissen

Das Erfahrungswissen wird durch den beruflichen Alltag, also das konkrete Handeln erworben und angewandt. Somit ist es „in hohem Maße personenbezogen und auf konkrete Situationen bzw. Kontexte ausgerichtet" (Porschen 2008: S. 72). Gerade dadurch, dass die „nicht kognitiv-rationalen Bestandteile von Wissen und Handeln" sehr ausgeprägt sind liegt nahe, dass diese nicht einfach in Worte gefasst und weitergegeben werden können (ebd. S. 73; vgl. Kap. 2.1.2; vgl. Reinmann 2005: S. 45). Nicht verwechselt werden sollte das Erfahrungswissen mit dem Erfahrungsschatz langjährig berufserfahrener Mitarbeiter. Diese haben sehr wohl auch Erfahrungswissen, jedoch meint Erfahrungswissen im arbeitswissenschaftlichen Kontext die „Befähigung zur Bewältigung neuer Situationen durch Erfahrung-Machen", was nicht zwangsläufig aus dreißigjähriger Berufserfahrung resultiert (ebd. S. 74). Diese Befähigung ist in hohem Maße praxisrelevant und handlungsleitend und unterliegt einem dynamischen Wandel (vgl. ebd. S. 78; vgl. Reinmann 2005: S. 42).

---

[34] Es gibt zwei Kategorien, das „technisch-funktionale Erfahrungswissen" und das „Organisationale Erfahrungswissen". Ersteres bezieht sich eher auf gegenständliche Arbeitsprozesse, z. B. die Wahrnehmung von Geräuschen bei technisch-materiellen Abläufen (vgl. Porschen 2008: S. 80). Das Organisationale Erfahrungswissen hingegen meint die Wahrnehmung des Betriebsklimas und der sozialen Prozesse, welches das Erleben von Möglichkeiten und Grenzen innerhalb der Organisation beeinflusst (vgl. ebd. S. 81 f.). Eine Differenzierung des Begriffes im weiteren Verlauf erfolgt nicht, da „Erfahrungswissen" im weitesten Sinnen beide Kategorien beinhalten soll.
[35] In der Wissensmanagementliteratur wird synonym der Begriff „implizites Wissen" verwendet.

5.2.2 Story telling als Chance für den Wissenstransfer

Wie bei den CoP steht auch bei den narrativen Ansätzen die Kommunikation neben der Kooperation im Mittelpunkt. Durch das Erzählen von Geschichten wird das implizite Wissen zum Vorschein gebracht und die Stärke besteht darin, dass dem Erzähler seine impliziten Wissensbestände zwar nicht bewusst sind, er sie aber trotzdem weitergeben kann auch wenn der Sachverhalt komplex ist (vgl. Porschen 2008: S. 160 f.; vgl. Haghirian in Reinmann 2005: S. 172). Das Ziel liegt v. a. darin, organisationale Lernprozesse anzustoßen (vgl. Lehner 2009: S. 191).

Das Erzählen von Geschichten, meist als „Story Telling"[36] oder „Learning History" bekannt, hat eine weitreichende Wirkung durch die authentische und lebendige Wiedergaben von Sachverhalten, was wiederum die Chance auf Interaktion erhöht im Vergleich zur Weitergabe eines Schriftstücks (was ohnehin nur mit explizitem Wissen möglich ist). Gerade weil beim Erzählen in der Regel eine alltagsnahe oder sogar unterhaltsame Rhetorik gewählt wird, entspricht das eher der menschlichen Wahrnehmung und trifft auf das Interesse der Zuhörer (vgl. Reinmann 2005: S. 45). Außerdem ermöglicht das Story telling ein kollektives Erlebnis, welches das Zusammengehörigkeitsgefühl fördert und Austauschprozesse in Gang bringt. Die Autoren Reinmann und Vohle bringt den Vorteil von Geschichten wie folgt zum Ausdruck (in Reinmann 2005: S. 75):

> „Geschichtenerzählen ist natürlich, einfach, unterhaltsam und anregend. Geschichten helfen uns, Komplexität zu verstehen, sie befriedigen die Frage nach dem Warum, füllen Fakten mit Leben und haben eine Botschaft, die bisweilen überraschend ins Auge springt, bisweilen genussvoll entdeckt werden will."

Unter Story telling ist ein strukturierter Erfahrungsaustausch zu verstehen, der definierten Regeln folgt und auch in der Managementlehre angekommen ist. Der gemeinschaftliche Austausch kann sogar als vertrauensbildende Maßnahme verstanden werden, die die allgemeine Motivation der Mitarbeiter fördert und sie darüber hinaus ihr Wissen „teilen" lässt (vgl. Porschen 2008: S. 162 f.). Und nicht nur das: Im Moment des Erzählens konstruiert der Erzähler sein Wissen, welches ihm in diesem Prozess

---

[36] Es gibt unterschiedliche „Story telling-Typen", die hier nicht weiter differenziert werden. Dazu gehören die „Schatzsucher-Variante", die „Historiker-Variante", die „Schriftsteller-Variante", die „Erfinder-Variante" und die „Kabarettisten-Variante", nachzulesen bei Reinmann / Vohle in Reinmann 2005: S. 77 ff.

bewusst wird und möglicherweise neue Zusammenhänge erschließen lässt, so dass gegebenenfalls neues Wissen generiert werden kann (vgl. Reinmann 2005: S. 46).

Die narrative Methode wird gerne in kulturellen Veränderungsprozessen eingesetzt, weil die „Stories" ebenso Themen beinhalten, die nicht offen kommuniziert werden, welche jedoch einen Einfluss auf die Organisation haben. Viele Aspekte, die eher unbewusst wahrgenommen werden und nicht konkret versprachlicht werden können, werden trotzdem in Geschichten gefasst und kommuniziert. Daher eignet sich diese Methode sehr gut, um die Unternehmenskultur zu vermitteln, z. B. für neue Mitarbeiter (vgl. Haghirian in Reinmann 2005: S. 172 f.).

Das Story telling birgt potenziell die Möglichkeit, implizites Wissen zu kommunizieren und durch die Verschriftlichung in den Erfahrungsdokumenten sogar partiell zu explizieren. Durch die „situative anlass- und problembezogene Selbststeuerung, den gemeinsamen Erfahrung- und Erlebnisraum (...) und die wechselseitige Anerkennung als Experte aus verschiedenen Bereichen" ist die Aussicht auf Erfolg gegeben (Porschen 2008: S. 203 f.).

Gerade auch im Hinblick auf die Sicherung des Wissens ausscheidender Mitarbeiter bietet das Story telling die Möglichkeit, das Wissen zu sichern, welches andernfalls die Organisation verlassen würde. Werden in den Prozess von Anfang an erfahrene Mitarbeiter eingebunden, wird das Erfahrungswissen Vieler miteinander verknüpft, was in der Konsequenz die Generierung neuen Wissens begünstigt und das kollektive Lernen unterstützt (vgl. Schaper u. a. in Dehmel u. a. 2009: S. 194).

5.2.2.1 Methodik des Story tellings

Einer der populärsten narrativen Ansätze um die Ursachen von Ereignissen zu begründen ist der Story-telling-Ansatz von Roth und Kleiner aus den Neunzigern, der wissenschaftlich untersucht wurde und der auch in modifizierten Varianten anzutreffen ist (vgl. Porschen 2008: S. 163). Im Wesentlichen geht es darum, bestimmte organisationsrelevante Erfahrungen aus unterschiedlichen Blickwinkeln zu erfassen und zu reflektieren, was gleichzeitig die Qualitätssicherung und Fehlervermeidung unterstützt (vgl. Haghirian in Reinmann 2005: S. 172). Gut geeignet sind z. B. Misserfolge, wie das Scheitern eines Projektes oder Fehlentscheidungen.

Der Story-telling-Ansatz sieht dafür folgendes Vorgehen vor: Es werden zunächst „Erfahrungshistoriker" beauftragt am Ereignis beteiligte Personen zu befragen und persönliche Erfahrungen bzw. Geschichten zu dokumentieren. Nach der Durchführung der Interviews werden die wichtigsten Inhalte gefiltert und themenbezogen sortiert bevor sie in einem Erfahrungsdokument („Learning History") zusammengefasst werden. Dieses Erfahrungsdokument enthält mehrere z. T. kommentierte Kurzgeschichten und wird mit den Beteiligten verabschiedet. Der eigentliche Lern- bzw. Transferprozess beginnt in anschließenden Workshops, in denen die Erfahrungshistoriker als Moderatoren das Erfahrungsdokument vorstellen und den Reflexionsprozess initiieren. Die Geschichten werden nicht als abgeschlossen betrachtet, sondern sollen verbreitet und bei Bedarf weiterentwickelt werden (vgl. Lehner 2009: S. 191). Das Ziel ist, Verbesserungsvorschläge zu erarbeiten, die für zukünftige Prozesse hilfreich sind und die helfen, gleiche Fehler zu vermeiden. Kleiner und Ruth geben für das Gelingen diese Methode drei Ratschläge (vgl. Reinmann/ Vohle in Reinmann 2005: S. 76):

- *True to the data*: Erzähler sollen in ihren Geschichten bei der Wahrheit bleiben, die Fakten müssen nachprüfbar sein.
- *True to the story*: Die Geschichte soll ansprechend nicht ermüdend geschrieben sein, etwas Übertreibung ist erlaubt.
- *True to the audience*: Die Geschichten sollen nicht allgemein gehalten werden sondern für eine spezifische Zielgruppe treffsicher geschrieben werden.

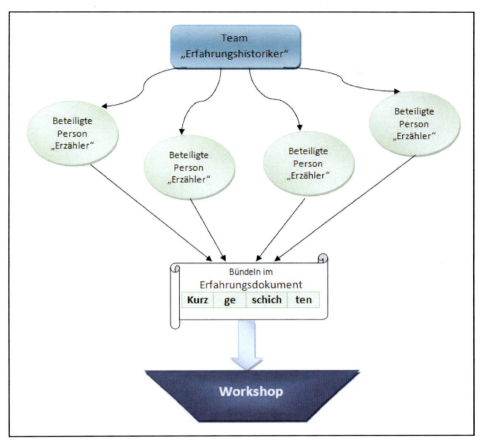

Abbildung 11: Prozess im Story Telling nach Kleiner und Roth (1998)
(Quelle: eigene Darstellung in Anlehnung an Reinmann/ Vohle in Reinmann 2005: S. 76)

Neben diesem formalisierten Vorgehen gibt es auch die informelle Variante des Story telling, das im Alltag beobachtet werden kann, wenn sich Kollegen über bestimmte Arbeitsinhalte austauschen. Dieser „Austausch von Erfahrungswissen wird (...) situativ von den betroffenen Mitarbeitern praktiziert", direkt am „Ort des Arbeitsgeschehens oder informell in damit verbundenen Freiräumen ohne formelles Protokoll" (Porschen in Reinmann 2005: S. 61; vgl. Lehner 2009: S. 191)[37].

5.2.2.2 Grenzen des Story tellings für den Wissenstransfer

Es darf nicht übersehen werden, dass das Konzept einige Regularien enthält, die den Freiraum der Mitarbeiter einengen und damit die Wissenskommunikation sogar hemmen können. Einige Studien[38] belegen, dass der Wissensfluss vor allem durch

---

[37] Diese zwanglose narrative Methode soll hier nicht weiter betrachtet werden, da es vor allem um den bewussten Einsatz von Methoden und Instrumenten gehen soll, die den Wissenstransfer fördern.
[38] z. B. die „Wissen und Information 2005" des Fraunhofer Instituts (vgl. Porschen 2008: S. 192).

informelle Kommunikation und Kooperation in Bewegung gebracht wird. Daher wären ergänzend Konzepte von Nöten, die einen informellen Austausch in Arbeitsprozesse integrieren anstatt sie von diesen abzukoppeln (vgl. Porschen 2008: S. 192). Darüber hinaus sind personelle Ressourcen notwendig, die den Lernprozess anstoßen und begleiten (vgl. Lehner 2009: S. 191, vgl. Schaper u. a. in Dehmel u. a. 2009: S. 194).

Der Erfolg von Maßnahmen zur Förderung der informellen Kommunikation ist sehr abhängig von der Unternehmenskultur, die zuvor in Kap. 3.5.1 und Kap. 4.1 thematisiert wurde. Je nachdem, welche Assoziationen mit informeller Kommunikation verbunden sind, wird das Gespräch mit dem Kollegen am Kopierer entweder als Zeitverschwendung oder als Möglichkeit des Austauschs bewertet (vgl. Porschen 2008: S. 193).

Ein weiterer Einflussfaktor für das Gelingen des Story tellings liegt auf der „persönlich-empathischen Beziehungsebene" (Porschen/ Böhle in Reinmann 2005: S. 64). Sowohl für das Erzählen wie auch für das Verstehen von Geschichten sind neben Zeit und Geduld kommunikative und soziale Fähigkeiten erforderlich. Zuhörer und Erzähler müssen die Bereitschaft inne haben, aufeinander zu- und einzugehen und sich wechselseitig als Experten ihres Faches zu akzeptieren. Dies gelingt, wenn beide die Überzeugung der gegenseitigen Bereicherung haben. Komplikationen können sich hierbei ergeben, wenn zwischen beiden Parteien ein hierarchisches Gefälle besteht. Empfindet der Zuhörer die Geschichten seines Vorgesetzten als altkluge Weisheit oder nimmt der Vorgesetzte sein Wissen als kompetenter wahr, wird die Kommunikation auf Augenhöhe nicht gelingen. In diesem Zusammenhang fällt der Begriff der „Wissensverpackung" (vgl. Haghirian in Reinmann 2005: S. 167 f.). Diese wird als ausschlaggebend für den Erfolg des Wissenstransfers gesehen. Je nachdem wie das Wissen durch den Erzähler kodifiziert (= verpackt) wird, löst es eine Reaktion beim Zuhörer aus. Es sollte möglichst keine Ängste, Vorurteile oder Probleme erzeugen, damit es im Sinne des Erzählers interpretiert werden kann. Bezüglich der „Wissensverpackung" sollte auch bedacht werden, dass technologische Medien oft Barrieren darstellen, insbesondere im Einsatz bei älteren medial unerfahrenen Mitarbeitern (vgl. ebd. S. 168).

5.3 Generationsübergreifendes Arbeiten

Auf die Problematik einer Überalterung der Mitarbeiterschaft sowie den erwarteten Fachkräftemangel wurde in Kap. 3.1 hingewiesen. Es gehört zu den Aufgaben des Wissensmanagements, Konzepte zu entwickeln, die das wertvolle Erfahrungswissen alternder und/ oder ausscheidender Mitarbeiter sichern und für die Organisation erhalten. Rückblickend auf das Wissensspiralenmodell von Nonaka und Takeuchi wird deutlich, dass der Transfer des impliziten Wissens nur durch Interaktion der Mitarbeiter untereinander gelingen kann. Durch ein alters- und abteilungsübergreifendes Zusammentreffen entsteht eine große Wissensvielfalt, die sowohl den einzelnen wie auch den organisationalen Wissensaustausch und –zuwachs fördert (vgl. Schäper u. a. in Dehmel u. a. 2009: S. 188). Ganz im Sinne des lebenslangen Lernens werden zwei Interaktionsmodelle vorgestellt, die den Wissenstransfer und die individuelle Kompetenzentwicklung unterstützen. Ihre Stärke liegt darin, dass sie in alltägliche Arbeitsprozesse integriert werden können, noch stärker als es bei den CoP oder den narrativen Maßnahmen der Fall ist. Daneben wirken sie positiv auf die Organisationskultur.

5.3.1 Wissenstransfer durch altersgemischte Tandems

Das Ziel von Tandems ist die Sicherung von personengebundenem Wissen für die Organisation, indem es vom älteren auf den jüngeren Mitarbeiter übertragen wird. Zudem erhöht diese Maßnahme „die Einsatzflexibilität sowie Beschäftigungs- und Einsatzfähigkeit" von den beteiligten Mitarbeitern (Schäper u. a. in Dehmel u. a. 2009: S. 196). Tandemansätze werden durch die Zusammensetzung von zwei Mitarbeitern unterschiedlichen Alters realisiert. In dieser Arbeits- oder Lerngemeinschaft sollen sie gleichberechtigt lernen und lehren. Der Erfahrene gibt dem „Jungen" sein Erfahrungswissen weiter im Gegenzug bringt der „Junge" sein frisches theoretisches Wissen ein. Daneben gibt es auch eine andere Variante, nämlich mit definierten Rollen des Lehrers und des Lerners. In der Regel ist in diesen Fällen der ältere Mitarbeiter der Lehrer, der sein Know-how weitergibt, der bilaterale Austausch ist nicht vorgesehen.

Das Tandem ist für eine längere festgelegte Zeitspanne im Lernprozess aktiv. Ein großer Part des Lernens erfolgt durch Beobachtung und Imitation (neben der Kommunikation). Im Idealfall werden die Stärken beider Mitarbeiter genutzt und kombiniert, so dass beide Parteien aus der Synergie profitieren können. Diese Erkenntnis ist erfolgsentscheidend für Tandems, da sich beide Mitarbeiter darauf einlassen wollen müssen. Diese Einsicht kann unterstützt werden durch die Zusicherung des Statuserhalts des (Noch-)Mitarbeiters sowie dem Angebot, selbstbestimmt die Organisation verlassen zu dürfen. Außerdem erhält der ältere Mitarbeiter durch das Tandem Entlastung. Gelingt diese Klärung nicht, ist das Risiko hoch, dass dieser aus Angst des Statusverlustes sein Wissen für sich behält.

Der Anreiz für den jüngeren Mitarbeiter kann darin bestehen, dass er eine qualifizierte Einarbeitung und die Aussicht auf Verantwortungsübernahme erhält.

Altersgemischte Tandems können erfolgreich zum organisationalen Wissenstransfer beitragen, wenn sie schon mehrere Jahre vor dem Ausscheiden eines Mitarbeiters angebahnt werden und Mitarbeiter beteiligt werden, die sich mit ihrer Tätigkeit identifizieren und ein Interesse an der Fortführung ihrer Arbeit mitbringen (vgl. ebd. S. 195). Der Erfolg ist jedoch gefährdet, wenn die „falschen" Mitarbeiter zusammengebracht werden. Dies kann unterschiedliche Gründe haben: Zwischenmenschliche Spannungen, fehlende Bereitschaft Wissen weiterzugeben/ anzunehmen oder mangelnde soziale und/ oder Methodenkompetenz (vgl. ebd. S. 196).

5.3.2 Wissenstransfer durch altersgemischtes Mentoring

Das Mentoring erfolgt in einer ähnlichen Konstellation wie der Tandemansatz, unterscheidet sich dagegen maßgeblich durch das hierarchische Gefälle zwischen der älteren erfahrenen Führungskraft, „Mentor", und dem jungen oder neuen Mitarbeiter, dem „Mentee". Mentoring wird meist bei der Entwicklung von Nachwuchskräften eingesetzt und erstreckt sich bedarfsorientiert über einen längeren Zeitraum, jedoch mindestens über sechs Monate. Es wird eine Patenschaft gebildet mit dem Ziel, dass der Mentor sein Erfahrungswissen als Vorbild an die jüngere Generation weitergibt und damit sein Know-how in der Organisation erhalten bleibt. Merkmale für das Mentoring sind „die Freiwilligkeit der Teilnahme von Mentor und Mentee, die Qualifizierung des Mentors für seine Aufgabe und die Selbstbestimmung in der Gestaltung des Prozesses" (Schäper u. a. in Dehmel u. a. 2009: S. 197). Der Mentor hat die Aufgabe als Berater und Ansprechpartner zu fungieren, der den Mentee in die Kultur und Normen der Organisation einführt, bei Schwierigkeiten mit dem Vorgesetzten vermittelt und sowohl in arbeitsbezogenen wie auch persönlichen Fragen Rat gibt.

Vorrausetzungen auf der Seite des Mentors sind, dass er über die notwendigen methodischen und sozialen Kompetenzen verfügt und die internen informellen Strukturen bestens kennt. Der Benefit des Mentees liegt darin, dass er einerseits von einem großen Wissens- und Erfahrungsspektrum profitieren kann und gleichzeitig Zugang zu relevanten Netzwerken erhält. Daneben bietet ihm sein Mentor eine Orientierungshilfe für seinen beruflichen Alltag. Der Anreiz für den Mentor kann darin bestehen, dass er durch seine Funktion von der Organisation und seinem Mentee Wertschätzung und Anerkennung erfährt. Zudem hat er die Möglichkeit, vom Mentee neues Fachwissen zu erwerben und einen Einblick in neue Arbeitsbereiche zu erhalten, in denen er seinen Mentee berät.

Mentoring hat neben der Sicherung und Weitergabe von Know-how auch die Funktion, Nachwuchskräfte an die Organisation zu binden da die Einarbeitungsphase individuell unterstützt wird. Problematisch wird dieses Modell jedoch, wenn bei der Beratung des Mentees primär die Organisationsinteressen berücksichtigt werden oder die Patenschaft nicht auf Freiwilligkeit basiert. Diese Gefahr besteht insbesondere dann, wenn Mentor und Mentee bestimmt werden ohne die Passung zu überprüfen. Ein weiterer Konfliktherd kann entstehen, wenn zwischen dem Vorgesetzten des Mentees und dem Mentor eine Konkurrenzsituation entsteht, die den Kontakt des Mentees zum Vorgesetzten beeinträchtigt (vgl. ebd. S. 198).

6 Fazit

Die vorliegende Arbeit zeigt, dass Wissensmanagement durchaus eine Legitimation für Bildungseinrichtungen hat. Diese müssen sich in den gesamtgesellschaftlichen Kontext einfügen, indem sie attraktive Bildungsprodukte offerieren, dabei Effektivität und Effizienz aller Prozesse berücksichtigen und sich auf dem Bildungsmarkt behaupten. Da sich die (Wissens-)Gesellschaft in einem stetigen Wandel befindet, stehen Bildungsorganisationen vor der Herausforderung, sich an diese Veränderungen flexibel anzupassen. All das wird von einer wissenden Mitarbeiterschaft getragen, die in der Lage ist, ihr Wissen zu teilen, neues zu erwerben und die in der Lage ist Innovationen voran zu treiben.

Wissensmanagement als Teildisziplin des Managements leistet hierfür einen enormen Beitrag. Es fördert das individuelle und organisationale Lernen und macht Wissen übergreifend nutzbar. Wissensmanagement hilft Wissen zu identifizieren, es zu nutzen, es weiter zu geben und Wissen in neue Produkte und Dienstleistungen münden zu lassen. Als Grundlage für Wissensmanagementtätigkeiten eignet sich in besonderer Weise das Münchener Modell von Reinmann-Rothmeier/ Mandl, weil es auf zwei Ebenen funktioniert: Aus Unternehmenssicht werden Wissensprozesse gesteuert, Wissen strukturiert und Rahmenbedingungen berücksichtigt mit dem Zweck, die Erreichung der Unternehmensziele zu unterstützen. Die pädagogisch-psychologische Sichtweise berücksichtigt mehr den Lernprozess an sich bzw. den Menschen als Wissensträger. Die Erweiterung durch diese Perspektive (die beispielsweise beim Bausteinmodell weniger berücksichtigt wird) ist sehr wertvoll, da das Lernen von Menschen, Gruppen und Organisationen ein sehr komplexer und störanfälliger Vorgang ist. Der Interaktionsaspekt nimmt eine wichtige Rolle ein, da gerade das Lernen stark vom zwischenmenschlichen Kontakt beeinflusst wird.

Es gibt viele Gründe, warum Kommunikations- und Lernprozesse nicht optimal funktionieren. Sie können in der Unternehmenskultur liegen, durch einen gestörten Interaktionsprozess zwischen Mitarbeitern hervorgerufen und durch die Natur des (impliziten) Wissens bedingt werden. Herrscht in einer Bildungseinrichtung die Einstellung, mit Wissen die Machtstellungen Einzelner zu kultivieren oder werden die kommunikativen und sozialen Fähigkeiten einzelner Mitarbeiter, die voneinander lernen sollen, nicht berücksichtigt hat der Wissenstransfer kaum Chancen. Aber genau hier muss Wissensmanagement ansetzen. Hilfestellung kann die Einbindung von Anreizsystemen bieten, die Mitarbeiter motivieren sollen, gewünschte Verhaltensweisen (z. B. Wissensweitergabe) zu zeigen. Was in der Wirtschaft schon längst gängig ist, kommt im Bildungsbereich nur marginal an, da es kaum Untersuchungen über Anreizsysteme im Non-Profit-Bereich gibt. Dennoch wurden in Studien Anreizinstrumente sichtbar, die eine universelle Einsetzbarkeit suggerieren: Information, Feedback, Anerkennung und andere sind Methoden, die keinen finanziellen Aufwand bedeuten und unproblematisch in Bildungseinrichtungen zu transferieren sind.

Ob diese Instrumente zum Erfolg führen hängt von der Unternehmenskultur ab. Wie auch das Wissensmanagement brauchen Anreizsysteme Ziele und eine von Offenheit, Fehlerfreundlichkeit und Kooperation geprägte Unternehmenskultur. Darüber hinaus braucht es die Unterstützung des Managements, das die Wertigkeit von Wissen anerkennt und in seiner Vorbildfunktion gerne Wissen weitergibt anstatt es zu horten. Erwähnenswert ist in diesem Zusammenhang außerdem, dass vorliegende Strukturen berücksichtigt werden sollten, so dass Wissensmanagement und Anreizsystem sich darin wiederfinden können.

Zahlreiche Beispiele aus der Wirtschaft geben gute Anregungen, wie Wissensmanagement in Bildungseinrichtungen umgesetzt werden kann und hierbei liegt eine wesentliche Aufgabe darin, das implizite Wissen zu Explizieren. Im Rahmen dieser Arbeit wurden Konzepte vorgestellt, die sich unter Berücksichtigung der Rahmenbedingungen von Bildungseinrichtungen vielerorts bewährt haben. CoP, Story telling und Tandem-/ Mentoring-Konstellationen sind allesamt Methoden, die durch qualitative Interaktionen Erfolg versprechen. Durch eine erfolgreiche Umsetzung kann Wissen von Mitarbeiter zu Mitarbeiter weiter gegeben, die Wissensbasis der Organisation erweitert und neue Bildungsprodukte generiert werden.

Nicht zu vernachlässigen sind jedoch auch kritische Aspekte, die zum Scheitern von Maßnahmen führen können. Beispielsweise ist die Steuerung von Communities nur bedingt möglich. Was dort geschieht, ob die vom Management erhofften Ergebnisse entstehen, kann höchstens durch Rahmenbedingungen beeinflusst werden. Das „Story telling" hat viel Potenzial, welches gerade in Veränderungsprozessen und der Weitergabe von Werten nützlich ist. Leider sind der Umsetzung durch den hohen personellen und zeitlichen Aufwand oder Zeitdruck oftmals Grenzen gesetzt. Das generationsübergreifende Arbeiten im Tandem oder als Mentoring scheint in der Umsetzung am einfachsten zu sein, birgt dennoch Komplikationen in sich. Sobald der Kommunikationsprozess durch Wollen oder Können beeinträchtigt ist, kann das voneinander Lernen nicht mehr stattfinden. In der Zusammensetzung von solchen Teams können Störungen manchmal erst im Laufe der Zeit auftreten oder aber auch durch eine Altershierarchie entstehen.

Die theoretischen Ausführungen zeigen nachahmenswerte Wissensmanagementansätze, die bei der Berücksichtigung von Erfolgsfaktoren einen enormen Wert für Bildungsorganisationen haben können. In der Auseinandersetzung mit der Thematik wird immer wieder deutlich, dass der wirtschaftliche Kontext als Vorreiter auftritt und Konzepte auf nichtgewinnorientierte Organisationen angepasst werden müssen. Genau an dieser Stelle ergibt sich ein neues Forschungsfeld: Es scheint kaum Studien darüber zu geben, wie z. B. Anreizsysteme in Expertenorganisationen gestaltet werden können oder welche Anreizsysteme gerade in Expertenorganisationen den Wissenstransfer begünstigen. Aus Sicht des Bildungsmanagements wäre eine detaillierte Analyse von Kommunikationsstörungen in Bildungseinrichtungen aufschlussreich, um passgenaue Anreizmechanismen einsetzen zu können. Gelänge dieser Schritt, wären (Wissens-)Mitarbeiter besser zur Weitergabe ihres Wissens zu motivieren und es gelänge ihnen leichter, auf das Wissen von Kollegen zuzugreifen. Es ist davon auszugehen, dass deren Motivation letzten Endes den entscheidenden Teil zum Gelingen von Wissensmanagementprojekten beitragen.

Anhang

Abbildung 12: Wissensmanagementansätze (Quelle: Vitenko, Nam 2009:Präsentation Folie 9)

Tätigkeitsbereich	Untergruppe
Kultur und Erholung	- Kunst und Kultur - Sport, Freizeit, Erholung - Sonstige Klubs
Bildungs- und Forschungswesen	- Schulen - Universitäten und Hochschulen - Sonstige Bildungseinrichtungen - Forschungswesen
Gesundheitswesen	- Krankenhäuser, Psychiatrie - Pflegeheime - Sonstige Gesundheitseinrichtungen
Soziale Dienste und Einrichtungen	- Einrichtungen des Sozialwesens - Katastrophenschutz und Katastrophenhilfe - Finanzielle Unterstützung, Beihilfen - Behinderteneinrichtungen - Jugendhilfeeinrichtungen
Umwelt- und Naturschutz	- Umwelt- und Naturschutz - Tierschutz, Tierheime
Wohnungswesen, Beschäftigungsinitiativen	- Gemeinwesenarbeit - Wohnungswesen - Berufliche Fortbildung
Bürger- und Verbraucherinteressen	- Bürgerinitiativen - Verbraucherorganisationen
Stiftungswesen	- Stiftungen - Spendenwesen - Ehrenamtliche Arbeit
Internationale Aktivitäten	- Internationale Organisationen
Verbände, Gewerkschaften	- Wirtschafts- und Berufsverbände - Gewerkschaften
Sonstige	- Weitere, nicht zuzuordnende Organisationen

Abbildung 13: NPO und ihre Tätigkeitsbereiche (Quelle: Schwien 2009: S. 7).

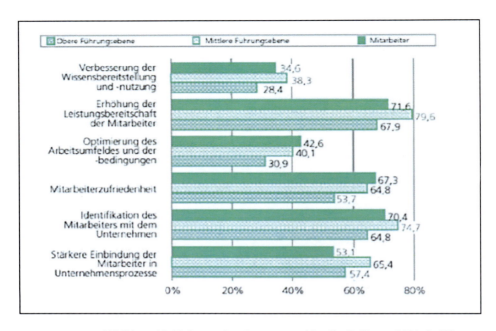

Abbildung 14: Ziele von Anreizsystemen (*Quelle: Bullinger 2001: S. 28*)

Literaturverzeichnis

Bauer, Elisabeth; Sander, Gudrun; Arx, Sabina von (2010): Strategien wirksam umsetzen. Das Handbuch für Non-Profit-Organisationen. 1. Aufl. Bern, Stuttgart, Wien: Haupt.

Belliger, Andréa; Krieger, David (2007): Wissensmanagement für KMU. Zürich: Vdf, Hochsch.-Verl. an der ETH.

Bullinger, Hans-Jörg (2001): Knowledge meets motivation. Anreizsysteme im Wissensmanagement. Stuttgart: Fraunhofer IAO, Markstrategie-Team Kunden-Management.

Bullinger, Hans-Jörg (2006): Produktionsfaktor Wissen - Turbulente Zeiten brauchen kreative Köpfe. Präsentation der Fraunhofer-Gesellschaft, München www.fraunhofer.de, Zugriff am 24.06.2011.

Capurro, Rafael (2001): Skeptisches Wissensmanagement. www.capurro.de/wm-afta.html; Zugriff am 16.05.11.

Dehmel, Alexandra; Kremer H.-Hugo; Schaper, Niclas, Sloane, Peter F. E. (Hg.) (2009): Bildungsperspektiven in alternden Gesellschaften. Frankfurt, M, Berlin, Bern, Bruxelles, New York, NY, Oxford, Wien: Lang.

Dörhöfer, Steffen (2010): Management und Organisation von Wissensarbeit. Strategie, Arbeitssystem und organisationale Praktiken in wissensbasierten Unternehmen. 1. Aufl. Wiesbaden: VS Research.

Falk, Samuel (2007): Personalentwicklung, Wissensmanagement und Lernende Organisation in der Praxis. Zusammenhänge - Synergien - Gestaltungsempfehlungen. 2. Aufl. München Mering: Hampp.

Gabler Verlag (Herausgeber), Gabler Wirtschaftslexikon, Stichwort: NPO-Management, http://wirtschaftslexikon.gabler.de/Archiv/7493/npo-management-v8.html; Zugriff am 12.06.11.

Gessler, Michael (Hg.) (2009): Handlungsfelder des Bildungsmanagements. Ein Handbuch. Münster, New York, NY, München, Berlin: Waxmann.

Griese, Christiane; Marburger, Helga (2011): Bildungsmanagement. Ein Lehrbuch. München: Oldenbourg.

Hanft, A.; Laske, S.; Meister-Scheytt, C. (2006): Organisation und Führung: Waxmann.

Hasler Roumois, Ursula (2010): Studienbuch Wissensmanagement. Grundlagen der Wissensarbeit in Wirtschafts-, Non-Profit- und Public-Organisationen. 2. überarb. u. erw. Stuttgart: UTB GmbH.

Kilian, Dietmar; Krismer, Robert; Loreck, Stefan; Sagmeister, Andreas; Sigl, Karin (2006): Wissensmanagement. Werkzeuge für Praktiker. 2. Aufl. Innsbruck: Studia Universitätsverl.

Lehner, F. (2009): Wissensmanagement: Grundlagen, Methoden und technische Unterstützung: Hanser Fachbuchverlag.

Liudmyla Vitenko, Kihong Nam (2009): Präsentation Betriebliches Wissensmanagement – Klassische Wissensmanagementansätze. Universität Potsdam Lehrstuhl für Wirtschaftsinformatik und Electronic Government; http://wi.uni-potsdam.de/hp.nsf/0/580cff973d48357dc12575590053bf5c/$FILE/BWM_Vortrag_13.05.09_PDF.pdf; Zugriff am 20.05.11.

Mandl, Heinz; Reinmann-Rothmeier, Gabi (2000): Wissens-management. Informationszuwachs - Wissenschwund? Die strategische Bedeutung des Wissensmanagements. München Wien: Oldenbourg Verlag.

Meinsen, S. (2003): Konstruktivistisches Wissensmanagement: Wie Wissensarbeiter ihre Arbeit organisieren: Beltz.

North, K. (2011): Wissensorientierte Unternehmensführung: Wertschöpfung durch Wissen: Gabler, Betriebswirt.-Vlg.

Plaschke, Jürgen; Sauter, Werner; Zinder, Thomas (2004): Personalmanagement. TEIA AG - Internet Akademie und Lehrbuch Verlag. www.teialehrbuch.de; Zugriff am 05.06.11.

Reinmann-Rothmeier, Gabi; Mandl, Heinz; Erlach, Christine; Neubauer, Andrea (2001): Wissensmanagement lernen. Ein Leitfaden zur Gestaltung von Workshops und zum Selbstlernen. Weinheim Basel: Beltz.

Reinmann, Gabi (Hrsg.) (2005): Erfahrungswissen erzählbar machen. Narrative Ansätze für Wirtschaft und Schule. Lengerich: Pabst.

Roßkopf, Karin (2004): Wissensmanagement in Nonprofit-Organisationen. Gestaltung von Verbänden als lernende Netzwerke. 1. Aufl. Wiesbaden: Dt. Univ.-Verl.

Schäfer, Marc Frederic (2009): Anreizsysteme und Einflussfaktoren beim Wissenstransfer – Eine ökonomische Analyse unter Verwendung von Spieltheorie und Experiment (Dissertation). Konstanz 2009.

Schneider, Ursula (2001): Die 7 Todsünden im Wissensmanagement. Kardinaltugenden für die Wissensökonomie. 1. Aufl. Frankfurt am Main: Frankfurter Allg. Buch.

Schuster, Martina (2011): Wissensmanagement als eine Konsequenz des demografischen Wandels- Praxisbeispiele für Bildungseinrichtungen. Freie Wissenschaftliche Arbeit, Masterstudiengang Bildungsmanagement, Pägogische Hochschule Ludwigsburg – Institut für Bildungsmanagement.

Schweizer, Gerd (2009): Präsentation Führungsverständnis im Rahmen einer Präsenzveranstaltung 17.10.09 im Masterstudiengang Bildungsmanagement, Pädagogische Hochschule Ludwigsburg – Institut für Bildungsmanagement.

Schwien, Bernd (2009): Ganzheitliche Unternehmensführung in Nonprofit-Organisationen. Vernetzung von Balanced Scorecard, Risiko- und Wissensmanagement, Controlling, Personalentwicklung. Stuttgart: Schäffer-Poeschel.

Severing, Eckart (2009) erschienen in Arnold, Bloh (hrsg.): Personalentwicklung im lernenden Unternehmen. www.f-bb.de/uploads/tx_fffbb/Wissensmanagement.pdf, Zugriff am 21.05.2011.

Surenbrock, Sonja (2008): Wissensmanagement. Faktoren der Wissensteilung in deutschen Grossunternehmen. Hamburg: Kovač.

Wiater, Werner (2007): Wissensmanagement. Eine Einführung für Pädagogen. 1. Aufl. Wiesbaden: VS Verl. für Sozialwiss.

Wippermann, Sven (2008): Didaktische Design Patterns. Zur Dokumentation und Systematisierung didaktischen Wissens und als Grundlage einer Community of Practice. Saarbrücken: VDM Verlag Dr. Müller.

Wodzicki, K. (2011). Nützliches Wissen von KollegInnen nutzen. wissens.blitz (30). www.wissensdialoge.de/kolleginnen_fragen, Zugriff am 16.07.2011.

www.wirtschaftslexikon24.net ; Zugriff am 02.06.11.

www.immo.bfz.de ; Zugriff am 26.05.11.

www.4managers.de, Zugriff am 20.05.11.

www.fundraising-wiki.de/s/Dritter_Sektor, Zugriff am 23.08.11.

Zaunmüller, Hannah (2005): Anreizsysteme für das Wissensmanagement in KMU. Gestaltung von Anreizsystemen für die Wissensbereitstellung der Mitarbeiter. 1. Aufl. Wiesbaden: Dt. Univ.-Verl.

Die Autorin

Martina Schuster, geb. Pranjic, wurde 1980 in Esslingen am Neckar geboren.

Nachdem sie ihr Studium der Sozialpädagogik, an der Berufsakademie Stuttgart mit dem Diplom abgeschlossen hatte, begann sie ihre berufliche Laufbahn im Bereich der Erwachsenenbildung, hauptsächlich der von benachteiligten Jugendlichen. Als Ergänzung zu den Erfahrungen, welche schwerpunktmäßig auf Projektarbeiten beruhen, studierte die Autorin berufsbegleitend Bildungsmanagement und schloss das Studium im Jahre 2009, mit dem akademischen Grad des Master of Arts, vorbildlich ab.

Die Autorin empfindet die Studieninhalte als eine große Bereicherung für die Erziehungs- und Sozialwissenschaften, da diese neben dem pädagogischen, auch einen ökonomischen Blick auf die alltägliche Arbeit erlauben. Ihre Tätigkeit innerhalb verschiedener Projekte, in denen es immer wieder darum ging, neues Wissen zu streuen, motivierten sie zu der vorliegenden Studie. Sie ließ sich stets von dem Gedanken leiten, wissenschaftlich fundierte und praxisnahe Ansätze darzustellen. Damit wird ein Beitrag zur Qualität der Studie im weiten Feld der Pädagogik geleistet, die sowohl eine organisationsbezogene, wie auch eine individuelle Perspektive berücksichtigen.